BIBLIOTHÈQUE CATHOLIQUE,

DÉDIÉE A N. S. P. LE PAPE,

APPROUVÉE

PAR UN GRAND NOMBRE D'ÉVÊQUES,

ET PUBLIÉE

PAR UNE SOCIÉTÉ D'ECCLÉSIASTIQUES.

> Mille clypei pendent ex eâ; omnis armatura fortium.
> CANT. 4. 4.

PARIS,
BUREAU DE LA BIBLIOTHÈQUE CATHOLIQUE,
Rue Garancière, N° 10, près Saint-Sulpice.

BIBLIOTHÈQUE CATHOLIQUE,

DÉDIÉE A N. S. P. LE PAPE,

APPROUVÉE PAR UN GRAND NOMBRE D'ÉVÊQUES,

ET PUBLIÉE

PAR UNE SOCIÉTÉ D'ECCLÉSIASTIQUES.

Ve SÉRIE.

BIBLIOTHÈQUE HISTORIQUE

1re CLASSE.

HISTOIRE GÉNÉRALE.

PARIS,

BUREAU DE LA BIBLIOTHÈQUE CATHOLIQUE,

Rue Garancière, n° 10, près Saint-Sulpice.

1826.

PARIS, IMPRIMERIE DE COSSON,
RUE SAINT-GERMAIN-DES-PRÉS, N° 9.

DISCOURS

SUR

L'HISTOIRE UNIVERSELLE,

A MONSEIGNEUR LE DAUPHIN;

POUR EXPLIQUER LA SUITE DE LA RELIGION,
ET LES CHANGEMENS DES EMPIRES.

PAR JACQUES-BÉNIGNE BOSSUET,
ÉVÊQUE DE MEAUX.

TROISIÈME PARTIE.

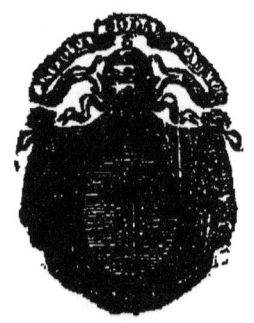

PARIS,

BUREAU DE LA BIBLIOTHÈQUE CATHOLIQUE,
Rue Garancière, n° 10, près Saint-Sulpice.
―――
1826.

CORRECTIONS ET ADDITIONS

FAITES

DEPUIS LA PREMIÈRE ÉDITION.[*]

———

Pag. 1. *Le titre du chapitre est ajouté dans la troisième édition.*

Pag. 18, l. 20 ; à l'amour sensuel, et qu'on en aimoit, etc. *prem. édit.* à l'amour, et qu'on en aimoit ; etc.

Pag. 34, l. 7 ; on croit avoir la preuve. *prem. édit.* on allègue la preuve.

Pag. 49, l. 15. Enfin les chrétiens, etc. *première édition.* Tant y a que les chrétiens, etc.

* Pag. 58, l. *ult.* gardés, et dont il est encore, etc..... *jusque pag.* 61, *l.* 16. le seul qui ait connu, etc. *Add. nouv. La première édition porte :* gardés. Il est certain que ce peuple est

———

[*] Voir la notice placée en tête de la première partie.

le seul qui ait connu, etc. *La troisième édition a seulement :* gardés. Ce peuple est le seul, etc.

Pap. 66, l. 18 : que les Juifs : leur tradition..... toute la suite. *prem. édit.* que les Juifs. Vous avez vu leur tradition et leur histoire.

Pag. 67, l. 3. Deux peuples si opposés n'ont pas pris l'un de l'autre ces livres divins; tous les deux, etc. *prem. édit.* Deux peuples si opposés ne les ont pas pris l'un de l'autre; mais tous les deux, etc.

Pag. 68, l. 2; par Esdras même, le sont aussi, etc. *prem. édit.* par Esdras même, comme on l'a pu remarquer dans la suite de son histoire, le sont aussi, etc.

Pag. 70, l. 3 et 4. Mais certainement, etc. *prem. édit.* Mais certes.

Pag. 72, *l.* 23 à 28 : d'un Daniel, qui ont un recours....... grands hommes, sans compter, etc. *prem. édit.* d'un Daniel, sans compter, etc.

Pag. 75, *l.* 1 à 12; divins? Qui auroit pu..... serviteur de Dieu? *prem. édit.* divins? Avec quel front Esdras et Néhémias osent-ils parler de la loi de

Moïse en tant d'endroits, et publiquement, comme d'une chose connue de tout le monde, et que tout le monde avoit entre ses mains ? *Le reste manque.*

* Ibid. *l.* 15. Esdras y est nommé.... *jusque pag.* 77, *l.* 5; en conséquence de cette loi, etc. *Addit. nouv. Les autres éditions portent seulement :* Comment voit-on tout le peuple agir naturellement en conséquence de cette loi, comme l'ayant eue toujours présente, *Ce qui suit, jusque pag.* 77, *l.* 14? nation? *ne se trouve pas dans la prem. édit.*

Pag. 79, *l.* 10 à 12; accomplies depuis, par exemple..... que l'on a vues, qui les aura ajoutées? *prem. édit.* accomplies depuis, que vous avez vues en si grand nombre, qui les aura ajoutées?

Pag. 80. *Le titre du Chapitre a été ajouté dans la troisième édition*

Pag. 85, *l.* 20. Mais d'où viennent, etc. *prem. édit.* Mais enfin d'où viennent, etc.

Pag. 86, *l.* 21; on en a jamais rétabli; *prem. édit.* on en a rétabli.

Pag. 88, *l.* 18; mais encore au-dessus; *prem. édit.* mais au-dessus.

* Pag. 91, Chap. *XXIX; jusque pag.* 108, *l.* 25; *que nous croyons. Addit. nouv.*

Pag. 108. *Le titre du Chapitre n'est pas dans la prem. édit.*

Pag. 109, l. 7; sont les faits, etc. *prem. édit.* sont, Monseigneur, les faits, etc.

Pag. 113. *Le titre du Chapitre est ajouté dans la troisième édition.*

Pag. 115, *l. ult.* facile, et en même temps moins soumise, en niant, etc. *prem. édit.* facile, en niant, etc.

Pag. 122, *l.* 24 *et* 25. Etudiez donc, Monseigneur, avec une attention particulière cette suite : *prem. édit.* Etudiez donc, Monseigneur, mais étudiez avec attention cette suite.

Pag. 125. Troisième partie. *prem. édit.* Troisième partie de ce Discours.

L. 5; profitable, je ne dirai pas seulement.... la divine providence, etc. *prem. édit.* profitable aux grands princes comme vous.

Pag. 130, *l.* 20; mais encore oubliés. *prem. édit.* mais oubliés.

Pag. 132, *l.* 5 *et* 6. Rome a senti la main, etc. *prem. édit.* Rome a senti elle-même la main, etc.

Pag. 134, *l.* 12. C'est ce qui doit, etc. *première édition.* C'est, Monseigneur, ce qui doit, etc.

Pag. 135, *l.* 1 *du Chap. II.* Mais ce qui rendra; *prem. édit.* Mais, Monseigneur, ce qui vous rendra.

L. 7. Car ce même Dieu, etc. *prem. édit.* Car, Monseigneur, ce même Dieu.

Pag. 138, *l.* 1. Par-là vous apprendrez; *prem. édit.* Par là, Monseigneur, vous apprendrez.

Pag. 197, *l.* 2 *et* 3; alloit comme à l'aventure, sans que personne fût en état de pourvoir à ce désordre; *prem. édit.* alloit comme il pouvoit, sans que personne fût en état d'y pourvoir.

Pag. 211, *l.* 17 à 20. C'est la belle histoire.... du jeune Cyrus. *Ceci n'est point dans la prem. édit.*

Pag. 218, au titre du Chapitre, la première édition porte seulement : *L'Empire romain.*

L. 8. *du Chap. VI.* Vous entendez

bien que je parle; *prem. édit.* Vous entendez bien, Monseigneur, que je parle.

Pag. 237, *l.* 1 et 2; sa patrie : ce fut, dis-je, en cet état que le sénat parut le plus intrépide. Les Volsques, etc. *prem. édit.* sa patrie. Les Volsques, etc.

Pag. 247, *l.* 1; mais encore d'une profonde, etc. *première édition*, mais d'une profonde, etc.

Pag. 251, *l.* 3; révoltes arrivées; *prem. édit.* révoltes qu'elle avoit vues arriver.

Pag. 258, *l.* 24 et 25; et jusqu'à ce temps la retenue, etc. *prem. édit*, et la retenue, etc.

Pag. 264, *l.* 7; sont sorties les familles patriciennes. *prem. édit.* sont sorties dans la suite les familles patriciennes.

Pag. 268, *l.* 18; deux ou trois cents; *prem. édit.* deux cents.

Pag. 273, *l.* 10. mais les décemvirs; *prem. édit.* et les décemvirs.

L. 13. Pendant que tout est tranquille; *prem. édit.* Pendant qu'on voit tout tranquille.

Pag. 283, *l.* 13. Il est maintenant aisé

prem. édit. Il vous est maintenant aisé.

Pag. 284, *l.* 10. Il est aisé, *prem. édit.* Il vous est aisé.

Pag. 285, *l.* 25 à 27; dans Rome, et par le génie... mais parce que, etc. *prem. édit.* dans Rome; et parce que, etc.

Pag. 289, *l. ult.* On sait que, etc. *prem. édit.* Vous savez que, etc.

Pag. 290. *Le titre du Chapitre est ajouté dans la troisième édition.*

FIN.

DISCOURS

SUR

L'HISTOIRE UNIVERSELLE,

A MONSEIGNEUR LE DAUPHIN.

SUITE DE LA SECONDE PARTIE.

LA SUITE DE LA RELIGION.

CHAPITRE XXIV.

Circonstances mémorables de la chute des Juifs : suite de leurs fausses interprétations.

Et pour achever de les convaincre, remarquez deux circonstances qui ont accompagné leur chute et la venue du Sauveur du monde : l'une, que la succession des pontifes, perpétuelle et inaltérable depuis Aaron, finit alors; l'autre, que la distinction des tribus et des familles, toujours conservée jusqu'à ce temps, y périt, de leur aveu propre.

Cette distinction étoit nécessaire jusques au temps du Messie. De Lévi devoient naître les ministres des choses sacrées. D'Aaron devoient sortir les prêtres et les pontifes. De Juda devoit sortir le Messie même. Si la distinction des familles n'eût subsisté jusqu'à la ruine de Jérusalem, et jusqu'à la venue de Jésus-Christ, les sacrifices judaïques auroient péri devant le temps, et David eût été frustré de la gloire d'être reconnu pour le père du Messie. Le Messie est-il arrivé; le sacerdoce nouveau, selon l'ordre de Melchisédech, a-t-il commencé en sa personne, et la nouvelle royauté qui n'étoit pas de ce monde a-t-elle paru : on n'a plus besoin d'Aaron, ni de Lévi, ni de Juda, ni de David, ni de leurs familles. Aaron n'est plus nécessaire dans un temps où les sacrifices devoient cesser, selon Daniel (1). La maison de David et de Juda a accompli sa destinée lorsque le

---

(1) *Dan.* ix. 27.

Christ de Dieu en est sorti; et, comme si les Juifs renonçoient eux-mêmes à leur espérance, ils oublient précisément en ce temps la succession des familles, jusques alors si soigneusement et si religieusement retenue.

N'omettons pas une des marques de la venue du Messie, et peut-être la principale si nous la savons bien entendre, quoiqu'elle fasse le scandale et l'horreur des Juifs. C'est la rémission des péchés annoncée au nom d'un Sauveur souffrant, d'un Sauveur humilié et obéissant jusqu'à la mort. Daniel avoit marqué, parmi ses semaines (1), la semaine mystérieuse que nous avons observée, où le Christ devoit être immolé, où l'alliance devoit être confirmée par sa mort, où les anciens sacrifices devoient perdre leur vertu. Joignons Daniel avec Isaïe : nous trouverons tout le fond d'un si grand mystère; nous verrons « l'homme de dou- » leurs, qui est chargé des iniquités de » tout le peuple, qui donne sa vie pour le » péché, et le guérit par ses plaies (2). » Ouvrez les yeux, incrédules : n'est-il pas

---

(1) *Dan.* IX. 26, 27. — (2) *Is.* LIII.

vrai que la rémission des péchés vous a été prêchée au nom de Jésus-Christ crucifié ? S'étoit-on jamais avisé d'un tel mystère ? Quelque autre que Jésus-Christ, ou devant lui, ou après, s'est-il glorifié de laver les péchés par son sang? Se sera-t-il fait crucifier exprès pour acquérir un vain honneur, et accomplir en lui-même une si funeste prophétie? Il faut se taire, et adorer dans l'Évangile une doctrine qui ne pourroit pas même venir dans la pensée d'aucun homme, si elle n'étoit véritable.

L'embarras des Juifs est extrême dans cet endroit : ils trouvent dans leurs écritures trop de passages où il est parlé des humiliations de leur Messie. Que deviendront donc ceux où il est parlé de sa gloire et de ses triomphes? Le dénouement naturel est qu'il viendra aux triomphes par les combats, et à la gloire par les souffrances. Chose incroyable! les Juifs ont mieux aimé mettre deux Messies. Nous voyons dans leur Talmud, et dans d'autres livres d'une pareille antiquité (1), qu'ils attendent un Messie

---

(1) Tr. Succa. et Comm. sive Paraphr. sup. Cant. c. VII, v. 3.

souffrant, et un Messie plein de gloire ; l'un mort et ressuscité, l'autre toujours heureux et toujours vainqueur; l'un à qui conviennent tous les passages où il est parlé de foiblesse, l'autre à qui conviennent tous ceux où il est parlé de grandeur ; l'un enfin fils de Joseph, car on n'a pu lui dénier un des caractères de Jésus-Christ, qui a été réputé fils de Joseph, et l'autre fils de David : sans jamais vouloir entendre que ce Messie, fils de David, devoit, selon David, *boire du torrent* avant que *de lever la tête* (1); c'est-à-dire, être affligé avant que d'être *triomphant*, comme le dit lui-même le fils de David. « O insensés et » pesans de cœur, qui ne pouvez croire » ce qu'ont dit les prophètes, ne falloit- » il pas que le Christ souffrît ces choses, » et qu'il entrât dans sa gloire par ce » moyen (2)? »

Au reste, si nous entendons du Messie ce grand passage où Isaïe nous représente si vivement *l'homme de douleurs frappé pour nos péchés*, et défiguré *comme un lépreux* (3), nous sommes encore soutenus

---

(1) *Ps.* CIX. — (2) *Luc.* XXIV. 25, 26. — (3) *Is.* LIII.

dans cette explication, aussi bien que dans toutes les autres, par l'ancienne tradition des Juifs; et malgré leurs préventions, le chapitre tant de fois cité de leur Talmud (1) nous enseigne que ce *lépreux chargé des péchés du peuple sera le Messie.* Les douleurs du Messie, qui lui seront causées par nos péchés, sont célèbres dans le même endroit et dans les autres livres des Juifs. Il y est souvent parlé de l'entrée aussi humble que glorieuse qu'il devoit faire dans Jérusalem monté sur un âne; et cette célèbre prophétie de Zacharie lui est appliquée. De quoi les Juifs ont-ils à se plaindre? Tout leur étoit marqué en termes précis dans leurs prophètes : leur ancienne tradition avoit conservé l'explication naturelle de ces célèbres prophéties; et il n'y a rien de plus juste que ce reproche que leur fait le Sauveur du monde (2) : « Hypo- » crites, vous savez juger par les vents, » et par ce qui vous paroît dans le ciel, » si le temps sera serein ou pluvieux; » et vous ne savez pas connoître, à tant

---

(1) *Gen. Tr. Sanhed. cap.* xi. — (2) *Matt.* xvi, 2, 3, 4. *Luc.* xii. 56.

» de signes qui vous sont donnés, le
» temps où vous êtes! »

Concluons donc que les Juifs ont eu véritablement raison de dire que *tous les termes de la venue du Messie sont passés*. Juda n'est plus un royaume ni un peuple : d'autres peuples ont reconnu le Messie qui devoit être envoyé. Jésus-Christ a été montré aux Gentils : à ce signe, ils sont accourus au Dieu d'Abraham; et la bénédiction de ce patriarche s'est répandue par toute la terre. L'homme de douleurs a été prêché, et la rémission des péchés a été annoncée par sa mort. Toutes les semaines se sont écoulées; la désolation du peuple et du sanctuaire, juste punition de la mort du Christ, a eu son dernier accomplissement; enfin le Christ a paru avec tous les caractères que la tradition des Juifs y reconnoissoit, et leur incrédulité n'a plus d'excuse.

Aussi voyons-nous depuis ce temps des marques indubitables de leur réprobation. Après Jésus-Christ, ils n'ont fait que s'enfoncer de plus en plus dans l'ignorance et dans la misère, d'où la seule extrémité de leurs maux, et la honte d'avoir été si souvent en proie à l'erreur les fera sortir, ou plutôt la bonté de Dieu, quand le temps arrêté par sa providence pour punir leur ingratitude et dompter leur orgueil sera accompli.

Cependant ils demeurent la risée des peuples, et l'objet de leur aversion, sans qu'une si longue captivité les fasse revenir à eux, encore qu'elle dût suffire pour les convaincre. Car enfin, comme leur dit saint Jérôme (1), « qu'attends-tu, ô Juif
» incrédule? tu as commis plusieurs cri-
» mes durant le temps des Juges : ton
» idolâtrie t'a rendu l'esclave de toutes les
» nations voisines ; mais Dieu a eu bientôt
» pitié de toi, et n'a pas tardé à t'envoyer
» des sauveurs. Tu as multiplié tes idolâ-
» tries sous tes rois ; mais les abomina-
» tions où tu es tombé sous Achaz et sous
» Manassés n'ont été punies que par
» soixante-dix ans de captivité. Cyrus est
» venu, et il t'a rendu ta patrie, ton tem-
» ple et tes sacrifices. A la fin, tu as été
» accablé par Vespasien et par Tite. Cin-
» quante ans après, Adrien a achevé de
» t'exterminer, et il y a quatre cents ans
» que tu demeures dans l'oppression. »
C'est ce que disoit saint Jérôme. L'argu-

---

(1) *Hier.* Ep. ad Dardan. *Tom.* ii, col. 610.

ment s'est fortifié depuis, et douze cents ans ont été ajoutés à la désolation du peuple Juif. Disons-lui donc, au lieu de quatre cents ans, que seize siècles ont vu durer sa captivité, sans que son joug devienne plus léger. « Qu'as-tu fait, ô peu-
» ple ingrat? Esclave dans tous les pays,
» et de tous les princes, tu ne sers point
» les dieux étrangers. Comment Dieu,
» qui t'avoit élu, t'a-t-il oublié, et que
» sont devenues ses anciennes miséri-
» cordes? Quel crime, quel attentat plus
» grand que l'idolâtrie te fait sentir un
» châtiment que jamais tes idolâtries ne
» t'avoient attiré? Tu te tais: tu ne peux
» comprendre ce qui rend Dieu si inexo-
» rable. Souviens-toi de cette parole de
» tes pères : *Son sang soit sur nous et sur*
» *nos enfans* (1) : et encore : *Nous n'avons*
» *point de roi que César* (2). Le Messie ne
» sera pas ton roi; garde bien ce que tu
» as choisi : demeure l'esclave de César
» et des rois jusqu'à ce que *la plénitude*
» *des Gentils soit entrée, et qu'enfin tout*
» *Israël soit sauvé* (3). »

---

(1) *Matt.* xxvii. 25.— (2) *Joann.* xix. 15.—
(3) *Rom.* xi. 25, 26.

CHAPITRE XXV.

Réflexions particulières sur la conversion des Gentils. Profond conseil de Dieu, qui les vouloit convertir par la croix de Jésus-Christ. Raisonnement de saint Paul sur cette manière de les convertir.

Cette conversion des Gentils étoit la seconde chose qui devoit arriver au temps du Messie, et la marque la plus assurée de sa venue. Nous avons vu comme les prophètes l'avoient clairement prédite ; et leurs promesses se sont vérifiées dans les temps de notre Seigneur. Il est certain qu'alors seulement, et ni plus tôt ni plus tard, ce que les philosophes n'ont osé tenter, ce que les prophètes ni le peuple juif lorsqu'il a été le plus protégé et le plus fidèle n'ont pu faire, douze pécheurs, envoyés par Jésus-Christ et témoins de sa résurrection, l'ont accompli. C'est que la conversion du monde ne devoit être l'ouvrage ni des philosophes ni même des prophètes : il étoit réservé au Christ, et c'étoit le fruit de sa croix.

Il falloit à la vérité que ce Christ et ses apôtres sortissent des Juifs, et que la prédication de l'Evangile commençât à Jérusalem. « Une montagne élevée devoit » paroître dans les derniers temps, » selon Isaïe (1) : c'étoit l'Eglise chrétienne. « Tous les Gentils y devoient venir, et » plusieurs peuples devoient s'y assembler. » En ce jour le Seigneur devoit seul être » élevé, et les idoles devoient être tout-à- » fait brisées (2). » Mais Isaïe, qui a vu ces choses, a vu aussi en même temps que « la loi, qui devoit juger les Gentils, » sortiroit de Sion, et que la parole du » Seigneur, qui devoit corriger les peuples, » sortiroit de Jérusalem (3); » ce qui a fait dire au Sauveur que « le salut devoit » venir des Juifs (4). » Et il étoit convenable que la nouvelle lumière dont les peuples plongés dans l'idolâtrie devoient un jour être éclairés, se répandît par tout l'univers du lieu où elle avoit toujours été. C'étoit en Jésus-Christ, fils de David et d'Abraham, que toutes les nations devoient être bénies et sanctifiées. Nous l'avons souvent remarqué. Mais nous n'avons pas encore observé la cause pour

---

(1) *Is.* II. 2. — (2) *Ibid.* 2, 3, 17; 18. — (3) *Ibid.* 3, 4. — (4) *Joann.* IV. 22.

laquelle ce Jésus souffrant, ce Jésus crucifié et anéanti, devoit être le seul auteur de la conversion des Gentils, et le seul vainqueur de l'idolâtrie.

Saint Paul nous a expliqué ce grand mystère au premier chapitre de la première Épître aux Corinthiens; et il est bon de considérer ce bel endroit dans toute sa suite. « Le Seigneur, dit-il (1),
» m'a envoyé prêcher l'Evangile, non
» par la sagesse et par le raisonnement
» humain, de peur de rendre inutile la
» croix de Jésus-Christ; car la prédication
» du mystère de la croix est folie à ceux
» qui périssent, et ne paroît un effet de
» la puissance de Dieu qu'à ceux qui se
» sauvent, c'est-à-dire, à nous. En effet,
» il est écrit (2) : Je détruirai la sagesse
» des sages, et je rejeterai la science des
» savans. Où sont maintenant les sages?
» où sont les docteurs? que sont devenus
» ceux qui recherchoient les sciences de
» ce siècle? Dieu n'a-t-il pas convaincu
» de folie la sagesse de ce monde? »
Sans doute, puisqu'elle n'a pu tirer les

---

(1) *I. Cor.* 1. 17, 18, 19, 20. — (2) *Is* xxix. 14. xxxiii. 18.

hommes de leur ignorance. Mais voici la raison que saint Paul en donne. C'est que « Dieu voyant que le monde avec la sa- » gesse humaine ne l'avoit point reconnu » par les ouvrages de sa sagesse, » c'est-à-dire, par les créatures qu'il avoit si bien ordonnées, il a pris une autre voie, et « a résolu de sauver ses fidèles par la » folie de la prédication (1), » c'est-à-dire, par le mystère de la croix, où la sagesse humaine ne peut rien comprendre.

Nouveau et admirable dessein de la divine providence! Dieu avoit introduit l'homme dans le monde, où, de quelque côté qu'il tournât les yeux, la sagesse du Créateur reluisoit dans la grandeur, dans la richesse et dans la disposition d'un si bel ouvrage. L'homme cependant l'a méconnu : les créatures, qui se présentoient pour élever notre esprit plus haut, l'ont arrêté : l'homme aveugle et abruti les a servies; et non content d'adorer l'œuvre des mains de Dieu, il a adoré l'œuvre de ses propres mains. Des fables, plus ridicules que celles que l'on conte aux enfans, ont fait sa religion : il a oublié la

---

(1) *I. Cor.* 1. 21.

raison; Dieu la lui veut faire oublier d'une autre sorte. Un ouvrage dont il entendoit la sagesse ne l'a point touché; un autre ouvrage lui est présenté, où son raisonnement se perd, et où tout lui paroît folie : c'est la croix de Jésus-Christ. Ce n'est point en raisonnant qu'on entend ce mystère; c'est « en captivant son in- » telligence sous l'obéissance de la foi; » c'est « en détruisant les raisonnemens hu- » mains, et toute hauteur qui s'élève » contre la science de Dieu (1). »

En effet, que comprenons-nous dans ce mystère où le Seigneur de gloire est chargé d'opprobres; où la sagesse divine est traitée de folle; où celui qui, assuré en lui-même de sa naturelle grandeur, « n'a pas cru s'attribuer trop quand il s'est » dit égal à Dieu, s'est anéanti lui-même » jusqu'à prendre la forme d'esclave, et à » subir la mort de la croix (2)? » Toutes nos pensées se confondent; et, comme disoit saint Paul, il n'y a rien qui paroisse plus insensé à ceux qui ne sont pas éclairés d'en haut.

Tel étoit le remède que Dieu préparoit

---

(1) *II. Cor.* x. 4, 5. (2) *Philip.* ii. 7, 8.

à l'idolâtrie. Il connoissoit l'esprit de l'homme, et il savoit que ce n'étoit pas par raisonnement qu'il falloit détruire une erreur que le raisonnement n'avoit pas établie. Il y a des erreurs où nous tombons en raisonnant, car l'homme s'embrouille souvent à force de raisonner : mais l'idolâtrie étoit venue par l'extrémité opposée ; c'étoit en éteignant tout raisonnement, et en laissant dominer les sens qui vouloient tout revêtir des qualités dont ils sont touchés. C'est par là que la divinité étoit devenue visible et grossière. Les hommes lui ont donné leur figure, et ce qui étoit plus honteux encore, leurs vices et leurs passions. Le raisonnement n'avoit point de part à une erreur si brutale. C'étoit un renversement du bon sens, un délire, une frénésie. Raisonnez avec un frénétique, et contre un homme qu'une fièvre ardente fait extravaguer, vous ne faites que l'irriter et rendre le mal irrémédiable : il faut aller à la cause, redresser le tempérament, et calmer les humeurs dont la violence cause de si étranges transports. Ainsi ce ne doit pas être le raisonnement qui guérisse le délire de l'idolâtrie. Qu'ont gagné les philosophes avec leurs discours pompeux, avec leur style sublime, avec leurs raisonnemens si artificieusement arrangés? Platon, avec son éloquence qu'on a crue divine, a-t-il renversé un seul autel où de monstrueuses divinités étoient adorées?. Au contraire, lui et ses disciples, et tous les sages du siècle ont sacrifié au mensonge : « ils se sont perdus dans leurs pensées ; » leur cœur insensé a été rempli de ténè- » bres, et sous le nom de sages qu'ils se » sont donné, ils sont devenus plus fous » que les autres (1), » puisque, contre leurs propres lumières, ils ont adoré les créatures.

N'est-ce donc pas avec raison que saint Paul s'est écrié dans notre passage (2) : « Où sont les sages, où sont les docteurs ? » Qu'ont opéré ceux qui recherchoient les » sciences de ce siècle ? » Ont-ils pu seulement détruire les fables de l'idolâtrie ? ont-ils seulement soupçonné qu'il fallût s'opposer ouvertement à tant de blasphèmes, et souffrir, je ne dis pas le dernier supplice, mais le moindre affront pour la vérité ? Loin de le faire, « ils ont retenu » la vérité captive (3), » et ont posé pour

---

(1) *Rom.* 1. 21, 32. — (2) *I. Cor.* 1. 20. — (3) *Rom.* 1. 18.

maxime qu'en matière de religion il falloit suivre le peuple : le peuple, qu'ils méprisoient tant, a été leur règle dans la matière la plus importante de toutes, et où leurs lumières sembloient le plus nécessaires. Qu'as-tu donc servi, ô philosophie ? « Dieu n'a-t-il pas convaincu de » folie la sagesse de ce monde, » comme nous disoit saint Paul (1) ? « N'a-t-il pas » détruit la sagesse des sages, et montré » l'inutilité de la science des savans ? »

C'est ainsi que Dieu a fait voir, par expérience, que la ruine de l'idolâtrie ne pouvoit pas être l'ouvrage du seul raisonnement humain. Loin de lui commettre la guérison d'une telle maladie, Dieu a achevé de le confondre par le mystère de la croix ; et tout ensemble il a porté le remède jusqu'à la source du mal.

L'idolâtrie, si nous l'entendons, prenoit sa naissance de ce profond attachement que nous avons à nous-mêmes. C'est ce qui nous avoit fait inventer des dieux semblables à nous; des dieux qui en effet n'étoient que des hommes sujets à nos passions, à nos foiblesses et à nos

---

(1) *I. Cor*, 1, 19, 20.

2*

vices : de sorte que, sous le nom des fausses divinités, c'étoient en effet leurs propres pensées, leurs plaisirs et leurs fantaisies que les Gentils adoroient.

Jésus-Christ nous fait entrer dans d'autres voies. Sa pauvreté, ses ignominies et sa croix le rendent un objet horrible à nos sens. Il faut sortir de soi-même, renoncer à tout, tout crucifier pour le suivre. L'homme arraché à lui-même, et à tout ce que sa corruption lui faisoit aimer, devient capable d'adorer Dieu et sa vérité éternelle dont il veut dorénavant suivre les règles.

Là périssent et s'évanouissent toutes les idoles, et celles qu'on adoroit sur des autels, et celles que chacun servoit dans son cœur. Celles-ci avoient élevé les autres. On adoroit Vénus, parce qu'on se laissoit dominer à l'amour sensuel, et qu'on en aimoit la puissance. Bacchus, le plus enjoué de tous les dieux, avoit des autels, parce qu'on s'abandonnoit et qu'on sacrifioit, pour ainsi dire, à la joie des sens, plus douce et plus enivrante que le vin. Jésus-Christ, par le mystère de sa croix, vient imprimer dans les cœurs l'amour des souffrances, au lieu de l'amour des plaisirs. Les idoles qu'on adoroit au dehors furent dissipées, parce que celles qu'on adoroit au dedans ne subsistoient plus : le cœur purifié, comme dit Jésus-Christ lui-même (1), est rendu capable de voir Dieu; et l'homme, loin de faire Dieu semblable à soi, tâche plutôt, autant que le peut souffrir son infirmité, à devenir semblable à Dieu.

Le mystère de Jésus-Christ nous a fait voir comment la divinité pouvoit sans se ravilir être unie à notre nature, et se revêtir de nos foiblesses. Le Verbe s'est incarné : celui qui avoit *la forme* et la nature *de Dieu*, sans perdre ce qu'il étoit, *a pris la forme d'esclave* (2). Inaltérable en lui-même, il s'unit et il s'approprie une nature étrangère. O hommes, vous vouliez des dieux qui ne fussent, à dire vrai, que des hommes, et encore des hommes vicieux! c'étoit un trop grand aveuglement. Mais voici un nouvel objet d'adoration qu'on vous propose; c'est un Dieu et un homme tout ensemble; mais un homme qui n'a rien perdu de ce qu'il étoit en prenant ce que nous sommes. La divinité demeure immuable, et sans

---

(1) *Matt.* v. 8. — (2) *Philip.* II. 6, 7.

pouvoir se dégrader, elle ne peut qu'élever ce qu'elle unit avec elle.

Mais encore qu'est-ce que Dieu a pris de nous ? nos vices et nos péchés ? à Dieu ne plaise ! il n'a pris de l'homme que ce qu'il y a fait, et il est certain qu'il n'y avoit fait ni le péché ni le vice. Il y avoit fait la nature; il l'a prise. On peut dire qu'il avoit fait la mortalité avec l'infirmité qui l'accompagne, parce qu'encore qu'elle ne fût pas du premier dessein, elle étoit le juste supplice du péché, et en cette qualité elle étoit l'œuvre de la justice divine. Aussi Dieu n'a-t-il pas dédaigné de la prendre; et en prenant la peine du péché sans le péché même, il a montré qu'il étoit, non pas un coupable qu'on punissoit, mais le juste qui expioit les péchés des autres.

De cette sorte, au lieu des vices que les hommes mettoient dans leurs dieux, toutes les vertus ont paru dans ce Dieu-homme; et afin qu'elles y parussent dans les dernières épreuves, elles y ont paru au milieu des plus horribles tourmens. Ne cherchons plus d'autre Dieu visible après celui-ci : il est seul digne d'abattre toutes les idoles; et la victoire qu'il devoit remporter sur elles est attachée à sa croix.

C'est-à-dire qu'elle est attachée à une folie apparente. « Car les Juifs, poursuit » saint Paul (1), demandent des miracles, » par lesquels Dieu en remuant avec éclat toute la nature, comme il fit à la sortie d'Egypte, il les mette visiblement au-dessus de leurs ennemis ; « et les Grecs » ou les Gentils cherchent la sagesse » et des discours arrangés, comme ceux de leur Platon et de leur Socrate. « Et nous, » continue l'apôtre, nous prêchons Jé- » sus-Christ crucifié, scandale aux Juifs, » et non pas miracle ; « folie aux Gentils, » et non pas sagesse : « mais qui est aux » Juifs et aux Gentils, appelés à la con- » noissance de la vérité, la puissance et » la sagesse de Dieu, parce qu'en Dieu, » ce qui est fou est plus sage que toute la » sagesse humaine, et ce qui est foible » est plus fort que toute la force humaine. » Voilà le dernier coup qu'il falloit donner à notre superbe ignorance. La sagesse où l'on nous mène est si sublime, qu'elle paroît folie à notre sagesse ; et les règles

---

(1) *I. Cor.* 1. 22, 23, 24, 25.

en sont si hautes, que tout nous y paroît un égarement.

Mais si cette divine sagesse nous est impénétrable en elle-même, elle se déclare par ses effets. Une vertu sort de la croix, et toutes les idoles sont ébranlées. Nous les voyons tomber par terre, quoique soutenues par toute la puissance romaine. Ce ne sont point les sages, ce ne sont point les nobles, ce ne sont point les puissans qui ont fait un si grand miracle. L'œuvre de Dieu a été suivie, et ce qu'il avoit commencé par les humiliations de Jésus-Christ, il l'a consommé par les humiliations de ses disciples. « Considérez, mes frères, » c'est ainsi que saint Paul achève son admirable discours (1), « considérez ceux que Dieu a » appelés parmi vous, » et dont il a composé cette Eglise victorieuse du monde. « Il y a peu de ces sages » que le monde admire; « il y a peu de puissans et peu » de nobles : mais Dieu a choisi ce qui est » fou selon le monde, pour confondre » les sages; il a choisi ce qui étoit foible, » pour confondre les puissans; il a choisi

---

(1) *I. Cor.* 1. 26, 27, 28, 29.

» ce qu'il y avoit de plus méprisable et
» de plus vil, et enfin ce qui n'étoit pas,
» pour détruire ce qui étoit ; afin que nul
» homme ne se glorifie devant lui. » Les
apôtres et leurs disciples, le rebut du
monde, et le néant même, à les regarder
par les yeux humains, ont prévalu à tous
les empereurs et à tout l'empire. Les
hommes avoient oublié la création, et
Dieu l'a renouvelée en tirant de ce néant
son Eglise, qu'il a rendue toute-puissante
contre l'erreur. Il a confondu avec les
idoles toute la grandeur humaine qui s'intéressoit à les défendre ; et il a fait un si
grand ouvrage, comme il avoit fait l'univers, par la seule force de sa parole.

CHAPITRE XXVI.

*Diverses formes de l'idolâtrie : les sens,
l'intérêt, l'ignorance, un faux respect
de l'antiquité, la politique, la philosophie, et les hérésies viennent à son
secours : l'Église triomphe de tout.*

L'IDOLÂTRIE nous paroît la foiblesse
même, et nous avons peine à comprendre
qu'il ait fallu tant de force pour la détruire.
Mais au contraire, son extravagance fait

voir la difficulté qu'il y avoit à la vaincre ; et un si grand renversement du bon sens montre assez combien le principe étoit gâté. Le monde avoit vieilli dans l'idolâtrie, et enchanté par ses idoles il étoit devenu sourd à la voix de la nature qui crioit contre elles. Quelle puissance falloit-il pour rappeler dans la mémoire des hommes le vrai Dieu si profondément oublié, et retirer le genre humain d'un si prodigieux assoupissement ?

Tous les sens, toutes les passions, tous les intérêts combattoient pour l'idolâtrie. Elle étoit faite pour le plaisir : les divertissemens, les spectacles, et enfin la licence même y faisoient une partie du culte divin. Les fêtes n'étoient que des jeux; et il n'y avoit nul endroit de la vie humaine d'où la pudeur fût bannie avec plus de soin qu'elle l'étoit des mystères de la religion. Comment accoutumer des esprits si corrompus à la régularité de la religion véritable, chaste, sévère, ennemie des sens, et uniquement attachée aux biens invisibles ? Saint Paul parloit à Félix, gouverneur de Judée, « de la »justice, de la chasteté et du jugement à »venir. Cet homme effrayé lui dit : Re- »tirez-vous quant à présent, je vous

»manderai quand il faudra (1). » Ces discours étoient incommodes pour un homme qui vouloit jouir sans scrupule, et à quelque prix que ce fût, des biens de la terre.

Voulez-vous voir remuer l'intérêt, ce puissant ressort qui donne le mouvement aux choses humaines? Dans ce grand décri de l'idolâtrie que commençoient à causer dans toute l'Asie les prédications de saint Paul, les ouvriers qui gagnoient leur vie en faisant de petits temples d'argent de la Diane d'Ephèse s'assemblèrent, et le plus accrédité d'entre eux leur représenta que leur gain alloit cesser; « et non-»seulement, dit-il (2), nous courons »fortune de tout perdre; mais le temple »de la grande Diane va tomber dans le »mépris; et la majesté de celle qui est »adorée dans toute l'Asie, et même »dans tout l'univers, s'anéantira peu »à peu. »

Que l'intérêt est puissant, et qu'il est hardi quand il peut se couvrir du prétexte de la religion! Il n'en fallut pas davantage pour émouvoir ces ouvriers. Ils sortirent

---

(1) *Act.* XXIV. 25. — (2) *Act.* XIX. 24 *et seq.*

tous ensemble criant comme des furieux : *La grande Diane des Éphésiens*, et traînant les compagnons de saint Paul au théâtre, où toute la ville s'étoit assemblée. Alors les cris redoublèrent, et durant deux heures la place publique retentissoit de ces mots : *La grande Diane des Éphésiens*. Saint Paul et ses compagnons furent à peine arrachés des mains du peuple par les magistrats, qui craignirent qu'il n'arrivât de plus grands désordres dans ce tumulte. Joignez à l'intérêt des particuliers l'intérêt des prêtres qui alloient tomber avec leurs dieux; joignez à tout cela l'intérêt des villes que la fausse religion rendoit illustres, comme la ville d'Éphèse, qui devoit à son temple ses priviléges, et l'abord des étrangers dont elle étoit enrichie : quelle tempête devoit s'élever contre l'Église naissante; et faut-il s'étonner de voir les apôtres si souvent battus, lapidés, et laissés pour morts au milieu de la populace ? Mais un plus grand intérêt va remuer une plus grande machine; l'intérêt de l'État va faire agir le sénat, le peuple romain et les empereurs.

Il y avoit déjà long-temps que les ordonnances du sénat défendoient les religions étrangères (1). Les empereurs étoient entrés dans la même politique; et dans cette belle délibération où il s'agissoit de réformer les abus du gouvernement, un des principaux règlemens que Mécénas proposa à Auguste fut d'empêcher les nouveautés dans la religion, qui ne manquoient pas de causer de dangereux mouvemens dans les États. La maxime étoit véritable : car qu'y a-t-il qui émeuve plus violemment les esprits, et les porte à des excès plus étranges ? Mais Dieu vouloit faire voir que l'établissement de la religion véritable n'excitoit pas de tels troubles ; et c'est une des merveilles qui montre qu'il agissoit dans cet ouvrage. Car qui ne s'étonneroit de voir que durant trois cents ans entiers que l'Église a eu à souffrir tout ce que la rage des persécuteurs pouvoit inventer de plus cruel, parmi tant de séditions et tant de guerres civiles, parmi tant de conjurations contre la personne des empereurs, il ne se soit jamais

---

(1) *Tit. Liv. lib.* XXXIX, *cap.* 18, *etc.* Orat. Mæcen. *apud Dion. Cass. lib.* LII. *Tertul.* Apolog. *c.* 5. *Euseb.* Hist. Eccl. *lib.* II, *cap.* 2.

trouvé un seul chrétien ni bon ni mauvais? Les Chrétiens défient leurs plus grands ennemis d'en nommer un seul ; il n'y en eut jamais aucun (1) : tant la doctrine chrétienne inspiroit de vénération pour la puissance publique, et tant fut profonde l'impression que fit dans tous les esprits cette parole du Fils de Dieu (2) : « Rendez à César ce qui est à César, et » à Dieu ce qui est à Dieu. »

Cette belle distinction porta dans les esprits une lumière si claire, que jamais les Chrétiens ne cessèrent de respecter l'image de Dieu dans les princes persécuteurs de la vérité. Ce caractère de soumission reluit tellement dans toutes leurs apologies, qu'elles inspirent encore aujourd'hui à ceux qui les lisent l'amour de l'ordre public, et fait voir qu'ils n'attendoient que de Dieu l'établissement du christianisme. Des hommes si déterminés à la mort, qui remplissoient tout l'Empire et toutes les armées (3), ne se sont pas échappés une seule fois durant tant de siècles de souffrance ; ils se défendoient à eux-mêmes,

---

(1) *Tertul.* Apolog. *cap.* 35, 36, *etc.* — (2) *Math.* xxii. 21. — (3) *Tertul.* Apol. *cap.* 37.

non-seulement les actions séditieuses, mais encore les murmures. Le doigt de Dieu étoit dans cette œuvre; et nulle autre main que la sienne n'eût pu retenir des esprits poussés à bout par tant d'injustices.

A la vérité il leur étoit dur d'être traités d'ennemis publics, et d'ennemis des empereurs, eux qui ne respiroient que l'obéissance, et dont les vœux les plus ardens avoient pour objet le salut des princes et le bonheur de l'État. Mais la politique romaine se croyoit attaquée dans ses fondemens, quand on méprisoit ses dieux. Rome se vantoit d'être une ville sainte par sa fondation, consacrée dès son origine par des auspices divins, et dédiée par son auteur au dieu de la guerre. Peu s'en fallut qu'elle ne crût Jupiter plus présent dans le Capitole que dans le ciel. Elle croyoit devoir ses victoires à sa religion. C'est par-là qu'elle avoit dompté et les nations et leurs dieux; car on raisonnoit ainsi en ce temps: de sorte que les dieux romains devoient être les maîtres des autres dieux, comme les Romains é oient les maîtres des autres hommes. Rome en subjuguant la Judée, avoit compté le dieu des Juifs parmi les dieux qu'elle avoit vaincus : le vouloir faire régner, c'étoit renverser les fondemens de l'Empire ; c'étoit haïr les victoires et la puissance du peuple romain (1). Ainsi les Chrétiens, ennemis des dieux, étoient regardés en même temps comme ennemis de la république. Les empereurs prenoient plus de soin de les exterminer que d'exterminer les Parthes, les Marcomans et les Daces : le christianime abattu paroissoit dans leurs inscriptions avec autant de pompe que les Sarmates défaits. Mais ils se vantoient à tort d'avoir détruit une religion qui s'accroissoit sous le fer et dans le feu. Les calomnies se joignoient en vain à la cruauté. Des hommes, qui pratiquoient des vertus au-dessus de l'homme, étoient accusés de vices qui font horreur à la nature. On accusoit d'inceste ceux dont la chasteté faisoit les délices. On accusoit de manger leurs propres enfans, ceux qui étoient bienfaisans envers leurs persécuteurs. Mais, malgré

---

(1) *Cic.* Orat. pro Flacco, *n.* 28. Orat. Symm. ad Imp. Val. Théod. et Arc. *ap. Ambr.* tom. V, *l.* V. *Ép.* XXX, *nunc* XVII ; tom. II, col. 828 et seq. Zozim. Hist. *lib.* II, IV, etc.

la haine publique, la force de la vérité tiroit de la bouche de leurs ennemis des témoignages favorables. Chacun sait ce qu'écrivit Pline le Jeune (1) à Trajan sur les bonnes mœurs des Chrétiens. Ils furent justifiés, mais ils ne furent pas exemptés du dernier supplice ; car il leur falloit encore ce dernier trait pour achever en eux l'image de Jésus-Christ crucifié ; et ils devoient comme lui aller à la croix avec une déclaration publique de leur innocence.

L'idolâtrie ne mettoit pas toute sa force dans la violence. Encore que son fond fût une ignorance brutale, et une entière dépravation du genre humain, elle vouloit se parer de quelques raisons. Combien de fois a-t-elle tâché de se déguiser, et en combien de manières s'est-elle transformée pour couvrir sa honte ! Elle faisoit quelquefois la respectueuse envers la divinité. Tout ce qui est divin, disoit-elle, est inconnu : il n'y a que la divinité qui se connoisse elle-même : ce n'est pas à nous à discourir de choses si hautes : c'est pourquoi il en faut croire les anciens,

---

(1) *Plin. lib.* x, Ep. 97.

et chacun doit suivre la religion qu'il trouve établie dans son pays. Par ces maximes, les erreurs grossières autant qu'impies, qui remplissoient toute la terre, étoient sans remède, et la voix de la nature qui annonçoit le vrai Dieu étoit étouffée.

On avoit sujet de penser que la foiblesse de notre raison égarée a besoin d'une autorité qui la ramène au principe, et que c'est de l'antiquité qu'il faut apprendre la religion véritable. Aussi en avez-vous vu la suite immuable dès l'origine du monde. Mais de quelle antiquité se pouvoit vanter le paganisme, qui ne pouvoit lire ses propres histoires sans y trouver l'origine, non-seulement de sa religion, mais encore de ses dieux? Varron et Cicéron (1), sans compter les autres auteurs, l'ont bien fait voir. Ou bien aurions-nous recours à ces milliers infinis d'années, que les Egyptiens remplissoient de fables confuses et impertinentes, pour établir l'antiquité dont ils se vantoient? Mais toujours y voyoit-on naître et mourir les divinités de l'Egypte; et ce peuple ne

---

(1) De nat. Deor. lib. 1 et III.

pouvoit se faire ancien, sans marquer le commencement de ses dieux.

Voici une autre forme de l'idolâtrie. Elle vouloit qu'on servît tout ce qui passoit pour divin. La politique romaine, qui défendoit si sévèrement les religions étrangères, permettoit qu'on adorât les dieux des Barbares, pourvu qu'elle les eût adoptés. Ainsi elle vouloit paroître équitable envers tous les dieux, aussi bien qu'envers tous les hommes. Elle encensoit quelquefois le Dieu des Juifs avec tous les autres. Nous trouvons une lettre de Julien l'Apostat (1), par laquelle il promet aux Juifs de rétablir la sainte Cité, et de sacrifier avec eux au Dieu créateur de l'univers. Nous avons vu que les païens vouloient bien adorer le vrai Dieu, mais non pas le vrai Dieu tout seul; et il ne tint pas aux empereurs que Jésus-Christ même, dont ils persécutoient les disciples, n'eût des autels parmi les Romains.

Quoi donc! les Romains ont-ils pu penser à honorer comme Dieu celui que leurs magistrats avoient condamné au

---

(1) *Jul.* Ep. ad comm. Judæor. xxv.

dernier supplice, et que plusieurs de leurs auteurs ont chargé d'opprobres ? Il ne faut pas s'en étonner, et la chose est incontestable.

Distinguons premièrement ce que fait dire en général une haine aveugle, d'avec les faits positifs dont on croit avoir la preuve. Il est certain que les Romains, quoiqu'ils aient condamné Jésus-Christ, ne lui ont jamais reproché aucun crime particulier. Aussi Pilate le condamna-t-il avec répugnance, violenté par les cris et par les menaces des Juifs. Mais ce qui est bien plus merveilleux, les Juifs eux-mêmes, à la poursuite desquels il a été crucifié, n'ont conservé dans leurs anciens livres la mémoire d'aucune action qui notât sa vie, loin d'en avoir remarqué aucune qui lui ait fait mériter le dernier supplice : par où se confirme manifestement ce que nous lisons dans l'Evangile, que tout le crime de notre Seigneur a été de s'être dit le Christ fils de Dieu.

En effet, Tacite nous rapporte bien le supplice de Jésus-Christ sous Ponce Pilate et durant l'empire de Tibère (1);

---

(1) *Tacit.* Annal. *lib.* xv, *c.* 44.

mais il ne rapporte aucun crime qui lui ait fait mériter la mort, que celui d'être l'auteur d'une secte convaincue de haïr le genre humain, ou de lui être odieuse. Tel est le crime de Jésus-Christ et des Chrétiens; et leurs plus grands ennemis n'ont jamais pu les accuser qu'en termes vagues, sans jamais alléguer un fait positif qu'on leur ait pu imputer.

Il est vrai que dans la dernière persécution, et trois cents ans après Jésus-Christ, les païens, qui ne savoient plus que reprocher ni à lui ni à ses disciples, publièrent de faux actes de Pilate, où ils prétendoient qu'on verroit les crimes pour lesquels il avoit été crucifié. Mais, comme on n'entend point parler de ces actes dans tous les siècles précédens, et que ni sous Néron, ni sous Domitien, qui régnoient dans l'origine du christianisme, quelque ennemis qu'ils en fussent, on n'en trouve rien du tout, il paroît qu'ils ont été faits à plaisir; et il y a parmi les Romains si peu de preuves constantes contre Jésus-Christ, que ses ennemis ont été réduits à en inventer. Voilà donc un premier fait, l'innocence de Jésus-Christ sans reproche. Ajoutons-en un second, la sainteté de sa vie et de sa doctrine reconnue. Un des plus grands empereurs romains, c'est Alexandre Sévère, admiroit notre Seigneur, et faisoit écrire dans les ouvrages publics, aussi-bien que dans son palais (1), quelques sentences de son Évangile. Le même empereur louoit et proposoit pour exemple les saintes précautions avec lesquelles les Chrétiens ordonnoient les ministres des choses sacrées. Ce n'est pas tout, on voyoit dans son palais une espèce de chapelle, où il sacrifioit dès le matin. Il y avoit consacré les images *des âmes saintes*, parmi lesquelles il rangeoit, avec Orphée, Jésus-Christ et Abraham. Il avoit une autre chapelle, ou comme on voudra traduire le mot latin *lararium*, de moindre dignité que la première, où l'on voyoit l'image d'Achille et de quelques autres grands hommes; mais Jésus-Christ étoit placé dans le premier rang. C'est un païen qui l'écrit, et il cite pour témoin un auteur du temps d'Alexandre (2). Voilà donc deux témoins de ce même fait; et voici un autre fait qui n'est pas moins surprenant.

―――――――――

(1) *Lamprid.* in Alex. Sev. c. 45, 51. —
(2) *Lamprid.* in Alex. Sev. c. 29, 31.

Quoique Porphyre, en abjurant le christianisme, s'en fût déclaré l'ennemi, il ne laisse pas, dans le livre intitulé, *la Philosophie par les oracles* (1), d'avouer qu'il y en a eu de très-favorables à la sainteté de Jésus-Christ.

A Dieu ne plaise que nous apprenions par les oracles trompeurs la gloire du Fils de Dieu, qui les a fait taire en naissant! Ces oracles cités par Porphyre sont de pures inventions; mais il est bon de savoir ce que les païens faisoient dire à leurs dieux sur notre Seigneur. Porphyre donc nous assure qu'il y a eu des oracles, « où Jésus-Christ est appelé un homme » pieux et digne de l'immortalité, et les » Chrétiens, au contraire, des hommes » impurs et séduits. » Il récite ensuite l'oracle de la déesse Hécate, où elle parle de Jésus-Christ comme « d'un homme » illustre par sa piété, dont le corps a » cédé aux tourmens, mais dont l'âme » est dans le ciel avec les âmes bienheu-

---

(1) *Porph. lib.* de Philos. per orac. *Euseb.* Dem. Ev. *lib.* III, c. 6, p. 134. *Aug.* de Civ. Dei, *lib.* XIX, cap. XXIII : tom. VII, col. 566, 567.

» reuses. Cette âme, disoit la déesse de
» Porphyre, par une espèce de fatalité, a
» inspiré l'erreur aux âmes à qui le destin
» n'a pas assuré les dons des dieux et la
» connoissance du grand Jupiter ; c'est
» pourquoi ils sont ennemis des dieux.
» Mais gardez-vous bien de le blâmer,
» poursuit-elle en parlant de Jésus-
» Christ, et plaignez seulement l'erreur
» de ceux dont je vous ai raconté la mal-
» heureuse destinée. » Paroles pompeuses
et entièrement vides de sens, mais qui
montrent que la gloire de notre Seigneur
a forcé ses ennemis à lui donner des louanges.

Outre l'innocence et la sainteté de Jésus-Christ, il y a encore un troisième point qui n'est pas moins important, c'est ses miracles. Il est certain que les Juifs ne les ont jamais niés ; et nous trouvons dans leur Talmud (1) quelques-uns de ceux que ses disciples ont faits en son nom. Seulement, pour les obscurcir, ils ont dit qu'il les avoit faits par les enchantemens qu'il avoit appris en Egypte ; ou même par le nom de Dieu, ce nom in-

---

(1) *Tr.* de Idololat. *et* Comm. in Eccl.

connu et ineffable dont la vertu peut tout selon les Juifs, et que Jésus-Christ avoit découvert, on ne sait comment, dans le sanctuaire (1) ; ou enfin, parce qu'il étoit un de ces prophètes marqués par Moïse (2), dont les miracles trompeurs devoient porter le peuple à l'idolâtrie. Jésus-Christ vainqueur des idoles, dont l'Evangile a fait reconnoître un seul Dieu par toute la terre, n'a pas besoin d'être justifié de ce reproche : les vrais prophètes n'ont pas moins prêché sa divinité qu'il l'a fait lui-même ; et ce qui doit résulter du témoignage des Juifs, c'est que Jésus-Christ a fait des miracles pour justifier sa mission.

Au reste, quand ils lui reprochent qu'il les a faits par magie, ils devroient songer que Moïse a été accusé du même crime. C'étoit l'ancienne opinion des Egyptiens, qui, étonnés des merveilles que Dieu avoit opérées en leur pays par ce grand homme, l'avoient mis au nombre des principaux magiciens. On peut voir encore cette opinion dans Pline et dans

---

(1) *Tr.* de Sabb. *c.* xii. *lib.* Generat. Jesu, *seu* Hist. Jesu. — (2) *Deut.* xiii. 1 ; 2.

Apulée (1), où Moïse se trouve nommé avec Jannès et Mambré, ces célèbres enchanteurs d'Egypte dont parle saint Paul (2), et que Moïse avoit confondus par ses miracles. Mais la réponse des Juifs étoit aisée. Les illusions des magiciens n'ont jamais un effet durable, ni ne tendent à établir, comme a fait Moïse, le culte du Dieu véritable et la sainteté de vie : joint que Dieu sait bien se rendre le maître, et faire des œuvres que la puissance ennemie ne puisse imiter. Les mêmes raisons mettent Jésus-Christ au-dessus d'une si vaine accusation, qui dès-là, comme nous l'avons remarqué, ne sert plus qu'à justifier que ses miracles sont incontestables.

Ils le sont en effet si fort, que les Gentils n'ont pu en disconvenir non plus que les Juifs. Celse, le grand ennemi des Chrétiens, et qui les attaque dès les premiers temps avec toute l'habileté imaginable, recherchant avec un soin infini tout ce qui pouvoit leur nuire, n'a pas nié tous les miracles de notre Seigneur :

---

(1) *Plin.* Hist. natur. *lib.* xxx, *cap.* 1. *Apul.* Apol. *seu* de Magia. — (2) *II. Tim.* III. 8.

il s'en défend, en disant avec les Juifs que Jésus-Christ avoit appris les secrets des Egyptiens, c'est-à-dire la magie, et qu'il voulut s'attribuer la divinité par les merveilles qu'il fit en vertu de cet art damnable (1). C'est pour la même raison, que les Chrétiens passoient pour magiciens (2); et nous avons un passage de Julien l'Apostat (3) qui méprise les miracles de notre Seigneur, mais qui ne les révoque pas en doute. Volusien, dans son épître à saint Augustin (4), en fait de même; et ce discours étoit commun parmi les païens.

Il ne faut donc plus s'étonner, si accoutumés à faire des dieux de tous les hommes où il éclatoit quelque chose d'extraordinaire, ils voulurent ranger Jésus-Christ parmi leurs divinités. Tibère, sur les relations qui lui venoient de Judée, proposa au sénat d'accorder à

---

(1) *Orig.* cont. *Cels. lib.* I, n. 38; *lib.* II, n. 48; tom. 1, pag. 356, 422. — (2) *Orig.* cont. *Cels. lib.* VI, n. 39; tom. 1, n. 661. Act. Mart. passim. — (3) *Jul. ap. Cyrill. lib.* VI; tom. VI, p. 191. — (4) *Apud Aug.* Ep. III, IV; nunc CXXXV, CXXXVI; tom. II, col. 399, 400.

Jésus-Christ les honneurs divins (1). Ce n'est point un fait qu'on avance en l'air, et Tertullien le rapporte, comme public et notoire, dans son Apologétique qu'il présente au sénat au nom de l'Eglise, qui n'eût pas voulu affoiblir une aussi bonne cause que la sienne par des choses où on auroit pu si aisément la confondre. Que si on veut le témoignage d'un auteur païen, Lampridius nous dira « qu'Adrien avoit élevé à Jésus-Christ » des temples qu'on voyoit encore du » temps qu'il écrivoit (2); » et qu'Alexandre Sévère, après l'avoir révéré en particulier, lui vouloit publiquement dresser des autels, et le mettre au nombre des dieux (3).

Il y a certainement beaucoup d'injustice à ne vouloir croire, touchant Jésus-Christ, que ce qu'en écrivent ceux qui ne se sont pas rangés parmi ses disciples : car c'est chercher la foi dans les incrédules, ou le soin et l'exactitude dans ceux qui, occupés de toute autre chose, tenoient la reli-

---

(1) *Tertul.* Apol. cap. 5. *Euseb.* Hist. Eccl. lib. II, cap. 2. — (2) *Lamprid.* in Alex. Sev. c. 43. — (3) *Ibid.*

gion pour indifférente. Mais il est vrai néanmoins que la gloire de Jésus-Christ a eu un si grand éclat, que le monde ne s'est pu défendre de lui rendre quelque témoignage ; et je ne puis vous en rapporter de plus authentique que celui de tant d'empereurs.

Je reconnois toutefois qu'ils avoient encore un autre dessein. Il se mêloit de la politique dans les honneurs qu'ils rendoient à Jésus-Christ. Ils prétendoient qu'à la fin les religions s'uniroient, et que les dieux de toutes les sectes deviendroient communs. Les Chrétiens ne connoissoient point ce culte mêlé, et ne méprisèrent pas moins les condescendances que les rigueurs de la politique romaine. Mais Dieu voulut qu'un autre principe fît rejeter par les païens les temples que les empereurs destinoient à Jésus-Christ. Les prêtres des idoles, au rapport de l'auteur païen déjà cité (1) tant de fois, déclarèrent à l'empereur Adrien, que « s'il con» sacroit ces temples bâtis à l'usage des » Chrétiens, tous les autres temples se» roient abandonnés, et que tout le monde

---

(1) *Lamprid. ibid.*

» embrasseroit la religion chrétienne .»
L'idolâtrie même sentoit dans notre religion une force victorieuse contre laquelle les faux dieux ne pouvoient tenir; et justifioit elle-même la vérité de cette sentence de l'apôtre (1) : « Quelle convention peut-
» il y avoir entre Jésus-Christ et Bélial,
» et comment peut-on accorder le temple
» de Dieu avec les idoles ? »

Ainsi, par la vertu de la croix, la religion païenne, confondue par elle-même, tomboit en ruine; et l'unité de Dieu s'établissoit tellement, qu'à la fin l'idolâtrie n'en parut pas éloignée. Elle disoit que la nature divine si grande et si étendue ne pouvoit être exprimée ni par un seul nom ni sous une seule forme; mais que Jupiter, et Mars, et Junon, et les autres dieux n'étoient au fond que le même dieu, dont les vertus infinies étoient expliquées et représentées par tant de mots différens (2). Quand ensuite il falloit venir aux histoires impures des dieux, à leurs infâmes généalogies, à leurs impudiques amours, à

––––––––––

(1) *II. Cor.* vi. 15, 16. — (2) *Macrob.* Saturn. *lib.* 1, c. 17 *et seq. Apul.* de Deo. Socr. *Aug.* de Civit. Dei, *lib.* iv, *cap.* x, xi; *tom.* vii. *col.* 95 *et seq.*

leurs fêtes et à leurs mystères qui n'avoient point d'autre fondement que ces fables prodigieuses, toute la religion se tournoit en allégories : c'étoit le monde ou le soleil qui se trouvoient être ce Dieu unique; c'étoient les étoiles, c'étoit l'air, et le feu, et l'eau, et la terre, et leurs divers assemblages qui étoient cachés sous les noms des dieux et dans leurs amours. Foible et misérable refuge : car outre que les fables étoient scandaleuses, et toutes les allégories froides et forcées, que trouvoit-on à la fin, sinon que ce Dieu unique étoit l'univers avec toutes ses parties; de sorte que le fond de la religion étoit la nature, et toujours la créature adorée à la place du créateur?

Ces foibles excuses de l'idolâtrie, quoique tirées de la philosophie des Stoïciens, ne contentoient guère les philosophes. Celse et Porphyre cherchèrent de nouveaux secours dans la doctrine de Platon et de Pythagore; et voici comment ils concilioient l'unité de Dieu avec la multiplicité des dieux vulgaires. Il n'y avoit, disoient-ils, qu'un Dieu souverain : mais il étoit si grand, qu'il ne se mêloit pas des petites choses. Content d'avoir fait le ciel et les astres, il n'avoit daigné mettre la main à ce bas monde, qu'il avoit laissé former à ses subalternes; et l'homme, quoique né pour le connoître, parce qu'il étoit mortel, n'étoit pas une œuvre digne de ses mains (1). Aussi étoit-il inaccessible à notre nature : il étoit logé trop haut pour nous ; les esprits célestes qui nous avoient faits nous servoient de médiateurs auprès de lui, et c'est pourquoi il les falloit adorer.

Il ne s'agit pas de réfuter ces rêveries des Platoniciens, qui aussi bien tombent d'elles-mêmes. Le mystère de Jésus-Christ les détruisoit par le fondement (2). Ce mystère apprenoit aux hommes que Dieu, qui les avoit faits à son image, n'avoit garde de les mépriser; que, s'ils avoient besoin de médiateur, ce n'étoit pas à cause de leur nature, que Dieu avoit faite comme il avoit fait toutes les autres; mais à cause de leur péché dont ils étoient les

---

(1) *Orig.* cont. Cels. *lib.* v, vi, *etc. passim.* *Plat.* Conv. Tim. *etc. Porphyr.* de Abstin. *lib.* ii. *Apul.* de Deo Socr. *Aug.* de Civ. Dei, *lib.* viii, *cap.* xiv *et seq.* xviii, xxi, xxii; *lib.* ix, *cap.* iii, vi; *tom.* vii, *col.* 202 *et seq.* 219, 223. — (2) *Aug.* Ep. iii, ad Volusian. *etc. nunc* cxxxvii; *tom.* ii, *col.* 404 *et seq.*

seuls auteurs : au reste, que leur nature les éloignoit si peu de Dieu, que Dieu ne dédaignoit pas s'unir à eux en se faisant homme, et leur donnoit pour médiateur, non point ces esprits célestes que les philosophes appeloient démons, et que l'Ecriture appeloit anges; mais un homme, qui joignant la force d'un Dieu à notre nature infirme, nous fit un remède de notre foiblesse.

Que si l'orgueil des Platoniciens ne pouvoit pas se rabaisser jusqu'aux humiliations du Verbe fait chair, ne devoient-ils pas du moins comprendre que l'homme, pour être un peu au-dessous des anges, ne laissoit pas d'être comme eux capable de posséder Dieu; de sorte qu'il étoit plutôt leur frère que leur sujet, et ne devoit pas les adorer, mais adorer avec eux, en esprit de société, celui qui les avoit faits les uns et les autres à sa ressemblance ? C'étoit donc non-seulement trop de bassesse, mais encore trop d'ingratitude au genre humain, de sacrifier à d'autre qu'à Dieu; et rien n'étoit plus aveugle que le paganisme, qui, au lieu de lui réserver ce culte suprême, le rendoit à tant de démons.

C'est ici que l'idolâtrie, qui sembloit

être aux abois, découvrit tout-à-fait son foible. Sur la fin des persécutions, Porphyre, pressé par les Chrétiens, fut contraint de dire que le sacrifice n'étoit pas le culte suprême; et voyez jusqu'où il poussa l'extravagance. Ce Dieu très-haut, disoit-il (1), ne recevoit point de sacrifice : tout ce qui est matériel est impur pour lui, et ne peut lui être offert. La parole même ne doit pas être employée à son culte, parceque la voix est une chose corporelle : il faut l'adorer en silence, et par de simples pensées; tout autre culte est indigne d'une majesté si haute.

Ainsi Dieu étoit trop grand pour être loué. C'étoit un crime d'exprimer comme nous pouvons ce que nous pensons de sa grandeur. Le sacrifice, quoiqu'il ne soit qu'une manière de déclarer notre dépendance profonde, et une reconnoissance de sa souveraineté, n'étoit pas pour lui. Porphyre le disoit ainsi expressément; et cela qu'étoit-ce autre chose qu'abolir la religion, et laisser tout-à-fait sans culte celui qu'on reconnoissoit pour le Dieu des dieux?

---

(1) *Porphyr*. de Abstin. *lib*. II. *Aug*. de Civ. Dei, *lib*. x, *pass*.

Mais qu'étoient-ce donc que ces sacrifices que les Gentils offroient dans tous temples? Porphyre en avoit trouvé le secret. Il y avoit, disoit-il, des esprits impurs, trompeurs, malfaisans, qui, par un orgueil insensé, vouloient passer pour des dieux, et se faire servir par les hommes. Il falloit les apaiser, de peur qu'ils ne nous nuisissent (1). Les uns plus gais et plus enjoués se laissoient gagner par des spectacles et des jeux : l'humeur plus sombre des autres vouloit l'odeur de la graisse, et se repaissoit de sacrifices sanglans. Que sert de réfuter ces absurdités? Enfin les Chrétiens gagnoient leur cause. Il demeuroit pour constant que tous les dieux auxquels on sacrifioit parmi les Gentils étoient des esprits malins, dont l'orgueil s'attribuoit la divinité : de sorte que l'idolâtrie, à la regarder en elle-même, paroissoit seulement l'effet d'une ignorance brutale ; mais à remonter à la source c'étoit une œuvre menée de loin, poussée aux derniers excès pur des esprits malicieux. C'est ce que les Chrétiens avoient

---

(1) *Porph.* de Abstin. *lib.* II, *apud Aug.* de Civ. Dei, *lib.* VIII, *cap.* XIII; *tom.* VII, *col.* 201.

toujours prétendu ; c'est ce qu'enseignoit l'Evangile ; c'est ce que chantoit le Psalmiste : « Tous les dieux des Gentils sont » des démons ; mais le Seigneur a fait les » cieux (1). »

Et toutefois, Monseigneur, étrange aveuglement du genre humain! l'idolâtrie réduite à l'extrémité, et confondue par elle-même, ne laissoit pas de se soutenir. Il ne falloit que la revêtir de quelque apparence, et l'expliquer en paroles dont le son fût agréable à l'oreille, pour la faire entrer dans les esprits. Porphyre étoit admiré. Jamblique, son sectateur, passoit pour un homme divin, parce qu'il savoit envelopper les sentimens de son maître de termes qui paroissoient mystérieux, quoiqu'en effet ils ne signifiassent rien. Julien l'Apostat, tout fin qu'il étoit, fut pris par ces apparences; les païens mêmes le racontent (2). Des enchantemens vrais ou faux, que ces philosophes vantoient, leur austérité mal entendue, leur abstinence ridicule qui alloit jusqu'à faire un crime de manger les

---

(1) *Ps.* xcv. 5. — (2) *Eunap. Maxim. Oribas. Chrysanth.* Ep. Jul. ad. Jamb. *Amm. Marcell.* lib. XXII, XXIII, XXV.

animaux, leurs purifications superstitieuses, enfin leur contemplation qui s'évaporoit en vaines pensées, et leurs paroles aussi peu solides qu'elles sembloient magnifiques, imposoient au monde. Mais je ne dis pas le fond. La sainteté des mœurs chrétiennes, le mépris des plaisirs qu'elle commandoit, et, plus que tout cela, l'humilité qui faisoit le fond du christianisme, offensoit les hommes; et si nous savons le comprendre, l'orgueil, la sensualité et le libertinage étoient les seules défenses de l'idolâtrie.

L'Eglise la déracinoit tous les jours par sa doctrine, et plus encore par sa patience. Mais ces esprits malfaisans, qui n'avoient jamais cessé de tromper les hommes, et qui les avoient plongés dans l'idolâtrie, n'oublièrent pas leur malice. Ils suscitèrent dans l'Eglise ces hérésies que vous avez vues. Des hommes curieux, et par là vains et remuans, voulurent se faire un nom parmi les fidèles, et ne purent se contenter de cette sagesse sobre et tempérée que l'apôtre avoit tant recommandée aux Chrétiens (1). Ils entroient trop avant

---

(1) *Rom.* xii. 3.

dans les mystères, qu'ils prétendoient mesurer à nos foibles conceptions : nouveaux philosophes qui mêloient les raisonnemens humains avec la foi, et entreprenoient de diminuer les difficultés du christianisme, ne pouvant digérer toute la folie que le monde trouvoit dans l'Evangile. Ainsi successivement, et avec une espèce de méthode, tous les articles de notre foi furent attaqués : la création, la loi de Moïse, fondement nécessaire de la nôtre, la divinité de Jésus-Christ, son incarnation, sa grâce, ses sacremens, tout enfin donna matière à des divisions scandaleuses. Celse et les autres nous les reprochoient (1). L'idolâtrie sembloit triompher elle regardoit le christianisme comme une nouvelle secte de philosophie qui avoit le sort de toutes les autres, et comme elles se partageoit en plusieurs autres sectes. L'Eglise ne leur paroissoit qu'un ouvrage humain prêt à tomber de lui-même. On concluoit qu'il ne falloit pas, en matière de religion, raffiner plus que nos ancêtres, ni entreprendre de changer le monde.

Dans cette confusion de sectes qui se

---

(1) *Orig.* cont. Cels *lib.* IV, V, VI.

vantoient d'être chrétiennes, Dieu ne manqua pas à son Église. Il sut lui conserver un caractère d'autorité que les hérésies ne pouvoient prendre. Elle étoit catholique et universelle : elle embrassoit tous les temps; elle s'étendoit de tous côtés. Elle étoit apostolique; la suite, la succession, la chaire de l'unité, l'autorité primitive lui appartenoit (1). Tous ceux qui la quittoient l'avoient premièrement reconnue, et ne pouvoient effacer le caractère de leur nouveauté, ni celui de leur rébellion. Les païens eux-mêmes la regardoient comme celle qui étoit la tige, le tout d'où les parcelles s'étoient détachées, le tronc toujours vif que les branches retranchés laissoient en son entier. Celse, qui reprochoit aux Chrétiens leurs divisions, parmi tant d'églises schismatiques qu'il voyoit s'élever, remarquoit une église distinguée de toutes les autres, et toujours plus forte, qu'il appeloit aussi pour cette raison *la grande Église.* « Il y » en a, disoit-il (2), parmi les Chrétiens

---

(1) *Iren.* adv. Hær. *lib.* III, c. 1, 2, 3, 4. *Tertul.* de Carne Christ. *cap.* 2. De Præscrip. c. 20, 21, 32, 36. — (2) *Orig.* contr. Cels. *lib.* v, *n.* 59; *tom.* 1, *pag.* 623.

» qui ne reconnoissent pas le Créateur,
» ni les traditions des Juifs; » il vouloit
parler des Marcionites : « mais, pour-
» suivoit-il, la grande Église les reçoit. »
Dans le trouble qu'excita Paul de Samo-
sate, l'empereur Aurélien n'eut pas de
peine à connoître la vraie Église chrétienne
à laquelle appartenoit la *maison de l'É-
glise*, soit que ce fût le lieu d'oraison,
ou la maison de l'évêque. Il l'adjugea à
ceux « qui étoient en communion avec les
» évêques d'Italie et celui de Rome (1), »
parce qu'il voyoit de tout temps le gros
des Chrétiens dans cette communion.
Lorsque l'empereur Constance brouilloit
tout dans l'Église, la confusion qu'il y
mettoit, en protégeant les Ariens, ne put
empêcher qu'Ammian Marcellin (2), tout
païen qu'il étoit, ne reconnût que cet
empereur s'égaroit de la droite voie « de
» la religion chrétienne, simple et précise
» par elle-même, » dans ses dogmes
et dans sa conduite. C'est que l'Église
véritable avoit une majesté et une droiture que les hérésies ne pouvoient ni

---

(1) *Euseb.* Hist. Eccl. *lib.* VII, *cap.* 30. —
(2) *Amm. Marc. lib.* XXI, *cap.* 16.

imiter ni obscurcir; au contraire, sans y penser, elles rendoient témoignage à l'Église catholique. Constance, qui persécutoit saint Athanase, défenseur de l'ancienne foi, « souhaitoit avec ardeur, dit Ammian » Marcellin (1), de le faire condamner par » l'autorité qu'avoit l'évêque de Rome au- » dessus des autres. » En recherchant de s'appuyer de cette autorité, il faisoit sentir aux païens même ce qui manquoit à sa secte, et honoroit l'Église, dont les Ariens s'étoient séparés : ainsi les Gentils même connoissoient l'église catholique. Si quelqu'un leur demandoit où elle tenoit ses assemblées, et quels étoient ses évêques, jamais ils ne s'y trompoient. Pour les hérésies, quoi qu'elles fissent, elles ne pouvoient se défaire du nom de leurs auteurs. Les Sabelliens, les Paulianistes, les Ariens, les Pélagiens, et les autres s'offensoient en vain du titre de parti qu'on leur donnoit. Le monde, malgré qu'ils en eussent, vouloit parler naturellement, et désignoit chaque secte par celui dont elle tiroit sa naissance. Pour ce qui est de la grande Église, de l'Église

---

(1) *Id. lib.* xv, *cap.* 7.

catholique et apostolique, il n'a jamais été possible de lui nommer un autre auteur que Jésus-Christ même, ni de lui marquer les premiers de ses pasteurs sans remonter jusqu'aux apôtres, ni de lui donner un autre nom que celui qu'elle prenoit. Ainsi quoi que fissent les hérétiques, ils ne la pouvoient cacher aux païens. Elle leur ouvroit son sein par toute la terre : ils y accouroient en foule. Quelques-uns d'eux se perdoient peut-être dans les sentiers détournés : mais l'église catholique étoit la grande voie où entroient toujours la plupart de ceux qui cherchoient Jésus-Christ ; et l'expérience a fait voir que c'étoit à elle qu'il étoit donné de rassembler les Gentils. C'étoit elle aussi que les empereurs infidèles attaquoient de toute leur force. Origène nous apprend que peu d'hérétiques ont eu à souffrir pour la foi (1). Saint Justin, plus ancien que lui, a remarqué que la persécution épargnoit les Marcionites et les autres hérétiques (2).

---

(1) *Orig.* cont. Cels. *lib.* vii, n. 40 ; *tom.* 1, *pag.* 722. — (2) *Just.* Apol. ii, nunc 1, n. 26 ; *pag.* 50.

Les païens ne persécutoient que l'Église qu'ils voyoient s'étendre par toute la terre, et ne connoissoient qu'elle seule pour l'Église de Jésus-Christ. Qu'importe qu'on lui arrachât quelques branches ? sa bonne sève ne se perdoit pas pour cela : elle poussoit par d'autres endroits, et le retranchement du bois superflu ne faisoit que rendre ses fruits meilleurs. En effet, si on considère l'histoire de l'Église, on verra que toutes les fois qu'une hérésie l'a diminuée, elle a réparé ses pertes, et en s'étendant au dehors, et en augmentant au dedans la lumière et la piété, pendant qu'on a vu sécher en des coins écartés les branches coupées. Les œuvres des hommes ont péri malgré l'enfer qui les soutenoit : l'œuvre de Dieu a subsisté : l'Église a triomphé de l'idolâtrie et de toutes les erreurs.

CHAPITRE XXVII.

Réflexion générale sur la suite de la religion, et sur le rapport qu'il y a entre les livres de l'Écriture.

Cette Église, toujours attaquée et jamais vaincue, est un miracle perpétuel, et un témoignage éclatant de l'immutabilité des conseils de Dieu. Au milieu de l'agitation des choses humaines, elle se soutint toujours avec une force invincible, en sorte que, par une suite non interrompue depuis près de dix-sept cents ans, nous la voyons remonter jusqu'à Jésus-Christ, dans lequel elle a recueilli la succession de l'ancien peuple, et se trouve réunie aux prophètes et aux patriarches.

Ainsi tant de miracles étonnans, que les anciens hébreux ont vus de leurs yeux, servent encore aujourd'hui à confirmer notre foi. Dieu, qui les a faits pour rendre témoignage à son unité et à sa toute-puissance, que pouvoit-il faire de plus authentique pour en conserver la mémoire, que de laisser entre les mains de tout un grand peuple les actes qui les attestent rédigés par l'ordre des temps? C'est ce que nous avons encore dans les livres de l'ancien Testament, c'est-à-dire dans les livres les plus anciens qui soient au monde; dans les livres qui sont les seuls de l'antiquité où la connoissance du vrai Dieu soit enseignée, et son service ordonné; dans les livres que le peuple juif a toujours si religieusement gardés, et dont il est encore aujourd'hui l'inviolable porteur par toute la terre.

Après cela, faut-il croire les fables extravagantes des auteurs profanes sur l'origine d'un peuple si noble et si ancien ? Nous avons déjà remarqué (1) que l'histoire de sa naissance et de son empire finit où commence l'histoire grecque ; en sorte qu'il n'y a rien à espérer de ce côté-là pour éclaircir les affaires des Hébreux. Il est certain que les Juifs et leur religion ne furent guère connus des Grecs qu'après que leurs livres sacrés eurent été traduits en cette langue, et qu'ils furent eux-mêmes répandus dans les villes grecques, c'est-à-dire deux à trois cents ans avant Jésus-Christ. L'ignorance de la divinité étoit alors si profonde parmi les Gentils, que leurs plus habiles écrivains ne pouvoient pas même comprendre quel Dieu adoroient les Juifs. Les plus équitables leur donnoient pour Dieu les nues et le ciel, parce qu'ils y levoient souvent les yeux, comme au lieu où se déclaroit le plus hautement la toute-puissance de

---

(1) Epoque VIII, an de Rome 305. *Voy. ci-dessus.*

Dieu, et où il avoit établi son trône. Au reste, la religion judaïque étoit si singulière et si opposée à toutes les autres; les lois, les sabbats, les fêtes et toutes les mœurs de ce peuple étoient si particulières, qu'ils s'attirèrent bientôt la jalousie et la haine de ceux parmi lesquels ils vivoient. On les regardoit comme une nation qui condamnoit toutes les autres. La défense qui leur étoit faite de communiquer avec les Gentils en tant de choses les rendoit aussi odieux qu'ils paroissoient méprisables. L'union qu'on voyoit entre eux, la relation qu'ils entretenoient tous si soigneusement avec le chef de leur religion, c'est-à-dire, Jérusalem, son temple et ses pontifes, et les dons qu'ils y envoyoient de toutes parts, les rendoient suspects; ce qui, joint à l'ancienne haine des Egyptiens contre ce peuple si maltraité de leurs rois et délivré par tant de prodiges de leur tyrannie, fit inventer des contes inouis sur son origine, que chacun cherchoit à sa fantaisie, aussi-bien que les interprétations de leurs cérémonies, qui étoient si particulières, et qui paroissoient si bizarres lorsqu'on n'en connoissoit pas le fond et les sources. La Grèce, comme on sait, étoit ingénieuse à se tromper et à s'amuser agréablement elle-même ; et de tout cela sont venues les fables que l'on trouve dans Justin, dans Tacite, dans Diodore de Sicile, et dans les autres de pareille date qui ont paru curieux dans les affaires des Juifs, quoiqu'il soit plus clair que le jour qu'ils écrivoient sur des bruits confus, après une longue suite de siècles interposés, sans connoître leurs lois, leur religion, leur philosophie, sans avoir entendu leurs livres, et peut-être sans les avoir seulement ouverts.

Cependant, malgré l'ignorance et la calomnie, il demeurera pour constant que le peuple juif est le seul qui ait connu dès son origine le Dieu créateur du ciel et de la terre ; le seul par conséquent qui devoit être le dépositaire des secrets divins. Il les a aussi conservés avec une religion qui n'a point d'exemple. Les livres que les Égyptiens et les autres peuples appeloient divins sont perdus il y a long-temps, et à peine nous en reste-il quelque mémoire confuse dans les histoires anciennes. Les livres sacrés des Romains, où Numa, auteur de leur religion, en avoit écrit les mystères, ont péri par les mains des Romains même, et le sénat les fit brûler comme tendans à renverser la religion (1). Ces mêmes Romains ont à la fin laissé périr les livres Sibyllins, si long-temps révérés parmi eux comme prophétiques, et où ils vouloient qu'on crût qu'ils trouvoient les décrets des dieux immortels sur leur empire, sans pourtant en avoir jamais montré au public, je ne dis pas un seul volume, mais un seul oracle. Les Juifs ont été les seuls dont les Écritures sacrées ont été d'autant plus en vénération, qu'elles ont été plus connues. De tous les peuples anciens, ils sont le seul qui ait conservé les monumens primitifs de sa religion, quoiqu'ils fussent pleins des témoignages de leur infidélité et de celle de leurs ancêtres. Et aujourd'hui encore ce même peuple reste sur la terre pour porter à toutes les nations où il a été dispersé, avec la suite de la religion, les miracles et les prédictions qui la rendent inébranlable.

Quand Jésus-Christ est venu, et qu'en-

---

(1) *Tit. Liv. lib.* XL. *cap.* 29. *Varr. lib.* de cultu Deor. *Apud. Aug.* de Civ. Dei, *lib.* VII, *cap.* XXXIV; *tom:* VII, *col.* 187.

voyé par son Père pour accomplir les promesses de la loi, il a confirmé sa mission et celle de ses disciples par des miracles nouveaux, ils ont été écrits avec la même exactitude. Les actes en ont été publiés à toute la terre, les circonstances des temps, des personnes et des lieux ont rendu l'examen facile à quiconque a été soigneux de son salut. Le monde s'est informé, le monde a cru; et si peu qu'on ait considéré les anciens monumens de l'Eglise, on avouera que jamais affaire n'a été jugée avec plus de réflexion et de connoissance.

Mais dans le rapport qu'ont ensemble les livres des deux Testamens, il y a une différence à considérer; c'est que les livres de l'ancien peuple ont été composés en divers temps. Autres sont les temps de Moïse, autres ceux de Josué et des Juges, autres ceux des Rois, autres ceux où le peuple a été tiré d'Egypte, et où il a reçu la loi, autres ceux où il a conquis la Terre promise, autres ceux où il y a été retabli par des miracles visibles. Pour convaincre l'incrédulité d'un peuple attaché aux sens, Dieu a pris une longue étendue de siècles durant lesquels il a distribué ses miracles et ses prophètes, afin de renouveler souvent les témoignages sensibles par lesquels il attestoit ses vérités saintes. Dans le nouveau Testament il a suivi une autre conduite. Il ne veut plus rien révéler de nouveau à son Eglise après Jésus-Christ. En lui est la perfection et la plénitude, et tous les livres divins qui ont été composés dans la nouvelle alliance, l'ont été au temps des apôtres.

C'est-à-dire que le témoignage de Jésus-Christ, et de ceux que Jésus-Christ même a daigné choisir pour témoins de sa résurrection, a suffi à l'Eglise chrétienne. Tout ce qui est venu depuis l'a édifiée; mais elle n'a regardé comme purement inspiré de Dieu que ce que les apôtres ont écrit, ou ce qu'ils ont confirmé par leur autorité.

Mais dans cette différence qui se trouve entre les livres des deux Testamens, Dieu a toujours gardé cet ordre admirable, de faire écrire les choses dans le temps qu'elles étoient arrivées, ou que la mémoire en étoit récente. Ainsi ceux qui les savoient les ont écrites : ceux qui les savoient ont reçu les livres qui en rendoient témoignage : les uns et les autres les ont laissés à leurs descendans comme un héritage précieux ; et la pieuse postérité les a conservés.

C'est ainsi que s'est formé le corps des Ecritures saintes tant de l'ancien que du nouveau Testament : Ecritures qu'on a regardées, dès leur origine, comme véritables en tout, comme données de Dieu même, et qu'on a aussi conservées avec tant de religion, qu'on n'a pas cru pouvoir sans impiété y altérer une seule lettre.

C'est ainsi qu'elles sont venues jusqu'à nous, toujours saintes, toujours sacrées, toujours inviolables ; conservées les unes par la tradition constante du peuple juif, et les autres par la tradition du peuple chrétien, d'autant plus certaine, qu'elle a été confirmée par le sang et par le martyre tant de ceux qui ont écrit ces livres divins, que de ceux qui les ont reçus.

Saint Augustin et les autres Pères demandent sur la foi de qui nous attribuons les livres profanes à des temps et à des auteurs certains (1). Chacun répond aussitôt que les livres sont distingués par les différens rapports qu'ils ont aux lois, aux coutumes, aux histoires d'un certain temps, par le style même qui porte imprimé le caractère des âges et des auteurs

---

(1) *Aug.* cont. Faust. *lib.* XI, *cap.* 2. XXXII. 21. XXXIII. 6; *tom.* VIII., *col.* 218, 462, *et seq.*

particuliers ; plus que tout cela par la foi publique et par une tradition constante. Toutes ces choses concourent à établir les livres divins, à en distinguer les temps, à en marquer les auteurs; et plus il y a eu de religion à les conserver dans leur entier, plus la tradition qui nous les conserve est incontestable (1).

Aussi a-t-elle toujours été reconnue, non-seulement par les orthodoxes, mais encore par les hérétiques, et même par les infidèles. Moïse a toujours passé dans tout l'Orient, et ensuite dans tout l'univers, pour le législateur des Juifs, et pour l'auteur des livres qu'ils lui attribuent. Les Samaritains, qui les ont reçus des dix tribus séparées, les ont conservés aussi religieusement que les Juifs : leur tradition et leur histoire est constante, et il ne faut que repasser sur quelques endroits de

---

(1) *Iren.* adv. Hæres, *lib.* III, *c.* 1, 2, *p.* 173, *etc. Tertul.* adv. Marc. *lib.* IV, *c.* 1, 4, 5. *Aug.* de utilit. cred. *cap.* III, XVII, *n.* 5, 35; *tom.* VIII, *col.* 48, 68. Cont. Faustum Manichæum, *lib.* XXII, *cap.* 79. XXVIII. 4. XXXII, XXXIII ; *ibid. col.* 409, 439, *et seq.* Cont. adv. Leg. et Proph. *lib.* I, *cap.* XX. *n.* 39, *etc, ibid. col.* 570.

la première partie (1) pour en voir toute la suite.

Deux peuples si opposés n'ont pas pris l'un de l'autre ces livres divins; tous les deux les ont reçus de leur origine commune dès les temps de Salomon et de David. Les anciens caractères hébreux, que les Samaritains retiennent encore, montrent assez qu'ils n'ont pas suivi Esdras, qui les a changés. Ainsi le Pentateuque des Samaritains et celui des Juifs sont deux originaux complets, indépendans l'un de l'autre. La parfaite conformité qu'on y voit dans la substance du texte, justifie la bonne foi des deux peuples. Ce sont des témoins fidèles qui conviennent sans s'être entendus, ou pour mieux dire, qui conviennent malgré leurs inimitiés, et que la seule tradition immémoriale de part et d'autre a unis dans la même pensée.

Ceux donc qui ont voulu dire, quoique sans aucune raison, que ces livres étant perdus, ou n'ayant jamais été, ont été ou rétablis, ou composés de nouveau, ou

---

(1) *Voyez ci-dessus*, Prem. part. Epoque VII, VIII, IX; an du monde 3000, et de Rome 218, 305, 604, 624, etc.

altérés par Esdras, outre qu'ils sont démentis par Esdras même, le sont aussi par le Pentateuque, qu'on trouve encore aujourd'hui entre les mains des Samaritains tel que l'avoient lu, dans les premiers siècles, Eusèbe de Césarée, saint Jérôme et les autres auteurs ecclésiastiques; tel que ces peuples l'avoient conservé dès leur origine : et une secte si foible semble ne durer si long-temps que pour rendre ce témoignage à l'antiquité de Moïse.

Les auteurs qui ont écrit les quatre Evangiles ne reçoivent pas un témoignage moins assuré du consentement unanime des fidèles, des païens et des hérétiques. Ce grand nombre de peuples divers, qui ont reçu et traduit ces livres divins aussitôt qu'ils ont été faits, conviennent tous de leur date et de leurs auteurs. Les païens n'ont pas contredit cette tradition. Ni Celse, qui a attaqué ces livres sacrés, presque dans l'origine du christianisme; ni Julien l'Apostat, quoiqu'il n'ait rien ignoré ni rien omis de ce qui pouvoit les décrier; ni aucun autre païen ne les a jamais soupçonnés d'être supposés : au contraire, tous leur ont donné les mêmes auteurs que les Chrétiens. Les hérétiques, quoique accablés par l'autorité de ces livres, n'osoient dire qu'ils ne fussent pas des disciples de notre Seigneur. Il y a eu pourtant de ces hérétiques qui ont vu les commencemens de l'Eglise, et aux yeux desquels ont été écrits les livres de l'Evangile. Ainsi la fraude, s'il y en eût pu avoir, eût été éclairée de trop près pour réussir. Il est vrai qu'après les apôtres, et lorsque l'Eglise étoit déjà étendue par toute la terre, Marcion et Manès, constamment les plus téméraires et les plus ignorans de tous les hérétiques, malgré la tradition venue des apôtres, continuée par leurs disciples et par les évêques à qui ils avoient laissé leur chaire et la conduite des peuples, et reçue unanimement par toute l'Eglise chrétienne, osèrent dire que trois Evangiles étoient supposés, et que celui de saint Luc, qu'ils préféroient aux autres, on ne sait pourquoi, puisqu'il n'étoit pas venu par une autre voie, avoit été falsifié. Mais quelles preuves en donnoient-ils? de pures visions, nuls faits positifs. Ils disoient, pour toute raison, que ce qui étoit contraire à leurs sentimens devoit nécessairement avoir été inventé par d'autres que par les apôtres, et alléguoient pour toute preuve les opinions même qu'on leur contestoit; opinions d'ailleurs si extravagantes, et si manifestement insensées, qu'on ne sait encore comment elles ont pu entrer dans l'esprit humain. Mais certainement, pour accuser la bonne foi de l'Eglise, il falloit avoir en main des originaux différens des siens, ou quelque preuve constante. Interpelés d'en produire eux et leurs disciples, ils sont demeurés muets (1), et ont laissé par leur silence une preuve indubitable qu'au second siècle du christianisme, où ils écrivoient, il n'y avoit pas seulement un indice de fausseté, ni la moindre conjecture qu'on pût opposer à la tradition de l'Eglise.

Que dirai-je du consentement des livres de l'Ecriture, et du témoignage admirable que tous les temps du peuple de Dieu se donnent les uns aux autres? Les temps du second temple supposent ceux du premier, et nous ramènent à Solomon. La paix n'est venue que par les combats; et les conquêtes du peuple de Dieu nous font remonter jusqu'aux Juges, jusqu'à Josué, et jusqu'à la sortie d'Egypte. En regardant tout un peuple sortir d'un

---

(1) *Iren. Tertul. Aug. loc. cit.*

royaume où il étoit étranger, on se souvient comment il y étoit entré. Les douze patriarches paroissent aussitôt; et un peuple, qui ne s'est jamais regardé que comme une seule famille, nous conduit naturellement à Abraham, qui en est la tige. Ce peuple est-il plus sage et moins porté à l'idolâtrie après le retour de Babylone; c'étoit l'effet naturel d'un grand châtiment, que ses fautes passées lui avoient attiré. Si ce peuple se glorifie d'avoir vu durant plusieurs siècles des miracles que les autres peuples n'ont jamais vus, il peut aussi se glorifier d'avoir eu la connoissance de Dieu qu'aucun autre peuple n'avoit. Que veut-on que signifie la circoncision, et la fête des Tabernacles, et la Pâque, et les autres fêtes célébrées dans la nation de temps immémorial, sinon les choses qu'on trouve marquées dans le livre de Moïse? Qu'un peuple distingué des autres par une religion et par des mœurs si particulières, qui conserve dès son origine, sur le fondement de la création et sur la foi de la providence, une doctrine si suivie et si élevée, une mémoire si vive d'une longue suite de faits si nécessairement enchaînés, des cérémonies si réglées et des coutumes si universelles, ait été sans une histoire qui lui marquât son origine et sans une loi qui lui prescrivît ses coutumes pendant mille ans qu'il est demeuré en État; et qu'Esdras ait commencé à lui vouloir donner tout à coup sous le nom de Moïse, avec l'histoire de ses antiquités, la loi qui formoit ses mœurs, quand ce peuple devenu captif a vu son ancienne monarchie renversée de fond en comble : quelle fable plus incroyable pourroit-on jamais inventer ? et peut-on y donner créance, sans joindre l'ignorance au blasphème ?

Pour perdre une telle loi, quand on l'a une fois reçue, il faut qu'un peuple soit exterminé, ou que par divers changemens il en soit venu à n'avoir plus qu'une idée confuse de son origine, de sa religion, et de ses coutumes. Si ce malheur est arrivé au peuple juif, et que la loi si connue sous Sédécias se soit perdue soixante ans après, malgré les soins d'un Ezéchiel, d'un Jérémie, d'un Baruch, d'un Daniel, qui ont un recours perpétuel à cette loi, comme à l'unique fondement de la religion et de la police de leur peuple; si, dis-je, la loi s'est perdue malgré ces grands hommes, sans compter les autres, et dans le temps que la même loi avoit ses martyrs, comme le montrent les persécutions de Daniel et des trois enfans ; si cependant, malgré tout cela, elle s'est perdue en si peu de temps, et demeure si profondément oubliée qu'il soit permis à Esdras de la rétablir à sa fantaisie : ce n'étoit pas le seul livre qu'il lui falloit fabriquer. Il lui falloit composer en même temps tous les prophètes anciens et nouveaux, c'est-à-dire ceux qui avoient écrit et devant et durant la captivité ; ceux que le peuple avoit vus écrire, aussi-bien que ceux dont il conservoit la mémoire ; et non-seulement les prophètes, mais encore les livres de Salomon, et les Psaumes de David, et tous les livres d'histoire ; puisqu'à peine se trouvera-t-il dans toute cette histoire un seul fait considérable, et dans tous ces autres livres un seul chapitre, qui, détaché de Moïse, tel que nous l'avons, puisse subsister un seul moment. Tout y parle de Moïse, tout y est fondé sur Moïse ; et la chose devoit être ainsi, puisque Moïse et sa loi, et l'histoire qu'il a écrite, étoit en effet dans le peuple juif tout le fondement de la conduite publique et particulière. C'étoit en vérité à Esdras une merveilleuse entreprise, et bien nouvelle dans le monde, de faire parler en même temps avec Moïse tant d'hommes de caractère et de style différent, et chacun d'une manière uniforme et toujours semblable à elle-même; et faire accroire tout à coup à tout un peuple que ce sont là les livres anciens qu'il a toujours révérés, et les nouveaux qu'il a vu faire, comme s'il n'avoit jamais ouï parler de rien, et que la connoissance du temps présent, aussi-bien que celle du temps passé, fût tout à coup abolie. Tels sont les prodiges qu'il faut croire, quand on ne veut pas croire les miracles du Tout-puissant, ni recevoir le témoignage par lequel il est constant qu'on a dit à tout un grand peuple qu'il les avoit vus de ses yeux.

Mais si ce peuple est revenu de Babylone dans la terre de ses pères, si nouveau et si ignorant, qu'à peine se souvint-il qu'il eût été, en sorte qu'il ait reçu sans examiner tout ce qu'Esdras aura voulu lui donner; comment donc voyons-nous dans le livre qu'Esdras a écrit (1), et dans celui de Néhémias son contemporain,

---

(1) *I. Esdr.* III, VII, IX, X. *II. Esd.* V, VIII, IX, X, XII, XIII.

tout ce qu'on y dit des livres divins? Qui auroit pu les ouïr parler de la loi de Moïse en tant d'endroits, et publiquement, comme d'une chose connue de tout le monde, et que tout le monde avoit entre ses mains? Eussent-ils osé régler par là les fêtes, les sacrifices, les cérémonies, la forme de l'autel rebâti, les mariages, la police, et en un mot toutes choses, en disant sans cesse que tout se faisoit « selon qu'il étoit écrit dans la loi » de Moïse serviteur de Dieu (1)? »

Esdras y est nommé comme « docteur » en la loi que Dieu avoit donnée à Israël » par Moïse, » et c'est suivant cette loi, comme par la règle *qu'il avoit entre ses mains*, qu'Artaxerxe lui ordonne de visiter, de régler et de réformer le peuple en toutes choses. Ainsi l'on voit que les Gentils même connoissoient la loi de Moïse comme celle que tout le peuple et tous ses docteurs regardoient de tout temps comme leur règle. Les prêtres et les lévites sont disposés par les villes; leurs fonctions et leur rang sont réglés « selon qu'il étoit » écrit dans la loi de Moïse. » Si le peuple

---

(1) *I. Esd.* III. 2. *II. Esd.* VIII, XIII, *etc.*

fait pénitence, c'est des transgressions qu'il avoit commises contre cette loi : s'il renouvelle l'alliance avec Dieu par une souscription expresse de tous les particuliers, c'est sur le fondement de la même loi, qui pour cela est « lue hautement, » distinctement, et intelligiblement, soir » et matin durant plusieurs jours, à tout » le peuple assemblé exprès, » comme la loi de leurs pères ; tant hommes que femmes entendant pendant la lecture, et reconnoissant les préceptes qu'on leur avoit appris dès leur enfance. Avec quel front Esdras auroit-il fait lire à tout un grand peuple, comme connu, un livre qu'il venoit de forger ou d'accommoder à sa fantaisie, sans que personne y remarquât la moindre erreur, ou le moindre changement ? Toute l'histoire des siècles passés étoit répétée depuis le livre de la Genèse jusqu'au temps où l'on vivoit. Le peuple, qui si souvent avoit secoué le joug de cette loi, se laisse charger de ce lourd fardeau sans peine et sans résistance, convaincu par expérience que le mépris qu'on en avoit fait avoit attiré tous les maux où on se voyoit plongé. Les usures sont réprimées selon le texte de la loi, les propres termes en étoient cités, les mariages contractés sont cassés, sans que personne réclamât. Si la loi eût été perdue, ou en tout cas oubliée, auroit-on vu tout le peuple agir naturellement en conséquence de cette loi, comme l'ayant eue toujours présente ? Comment est-ce que tout ce peuple pouvoit écouter Aggée, Zacharie et Malachie, qui prophétisoient alors, qui, comme les autres prophètes leurs prédécesseurs, ne leur prêchoient que « Moïse et la loi que Dieu lui avoit » donnée en Horeb (1) : » et cela comme une chose connue et de tout temps en vigueur dans la nation ? Mais comment dit-on, dans le même temps et dans le retour du peuple, que tout ce peuple admira l'accomplissement de l'oracle de Jérémie touchant les soixante-dix ans de captivité (2) ? Ce Jérémie, qu'Esdras venoit de forger avec tous les autres prophètes, comment a-t-il tout d'un coup trouvé créance ? Par quel artifice nouveau a-t-on pu persuader à tout un peuple, et aux vieillards qui avoient vu ce prophète, qu'ils avoient toujours attendu la déli-

---

(1) *Mal.* IV. 4. — (2) *II. Par.* XXXVI. 21, 22. *I. Esdr.* I. 1.

vrance miraculeuse qu'il leur avoit annoncée dans ses écrits? Mais tout cela sera encore supposé : Esdras et Néhémias n'auront point écrit l'histoire de leur temps; quelque autre l'aura faite sous leur nom; et ceux qui ont fabriqué tous les autres livres de l'ancien Testament auront été si favorisés de la postérité, que d'autres faussaires leur en auront supposé à eux-mêmes, pour donner créance à leur imposture.

On aura honte sans doute de tant d'extravagances; et au lieu de dire qu'Esdras ait fait tout d'un coup paroître tant de livres si distingués les uns des autres par les caractères du style et du temps, on dira qu'il y aura pu insérer les miracles et les prédictions qui les font passer pour divins : erreur plus grossière encore que la précédente, puisque ces miracles et ces prédictions sont tellement répandus dans tous ces livres, sont tellement inculqués et répétés si souvent, avec tant de tours divers et une si grande variété de fortes figures, en un mot, en font tellement tout le corps, qu'il faut n'avoir jamais seulement ouvert ces saints livres, pour ne voir pas qu'il est encore plus aisé de les refondre, pour ainsi dire, tout-à-fait, que d'y insérer les choses que les incrédules sont si fâchés d'y trouver. Et quand même on leur auroit accordé tout ce qu'ils demandent, le miraculeux et le divin est tellement le fond de ces livres, qu'il s'y retrouveroit encore, malgré qu'on en eût. Qu'Esdras, si on veut, y ait ajouté après coup les prédictions des choses déjà arrivées de son temps : celles qui se sont accomplies depuis, par exemple sous Antiochus et les Machabées, et tant d'autres que l'on a vues, qui les aura ajoutés ? Dieu aura peut-être donné à Esdras le don de prophétie, afin que l'imposture d'Esdras fût plus vraisemblable ; et on aimera mieux qu'un faussaire soit prophète, qu'Isaïe, ou que Jérémie, ou que Daniel : ou bien chaque siècle aura porté un faussaire heureux, que tout le peuple en aura cru ; et de nouveaux imposteurs, par un zèle admirable de religion, auront sans cesse ajouté aux livres divins, après même que le Canon en aura été clos, qu'ils se seront répandus avec les Juifs par toute la terre, et qu'on les aura traduits en tant de langues étrangères. N'eût-ce pas été, à force de vouloir établir la religion, la détruire par les fondemens ? Tout un peuple laisse-t-il donc changer si facilement ce qu'il croit être divin, soit qu'il le croie par raison ou par erreur? Quelqu'un peut-il espérer de persuader aux Chrétiens, ou même aux Turcs, d'ajouter un seul chapitre ou à l'Evangile, ou à l'Alcoran? Mais peut-être que les Juifs étoient plus dociles que les autres peuples, ou qu'ils étoient moins religieux à conserver leurs saints livres? Quels monstres d'opinions se faut-il mettre dans l'esprit, quand on veut secouer le joug de l'autorité divine, et ne régler ses sentimens, non plus que ses mœurs, que par sa raison égarée?

CHAPITRE XXVIII.

Les difficultés qu'on forme contre l'Ecriture sont aisées à vaincre par les hommes de bon sens et de bonne foi.

Qu'on ne dise pas que la discussion de ces faits est embarrassante : car, quand elle le seroit, il faudroit ou s'en rapporter à l'autorité de l'Eglise et à la tradition de tant de siècles, ou pousser l'examen jusqu'au bout, et ne pas croire qu'on en fût quitte pour dire qu'il demande plus de temps qu'on n'en veut donner à son salut. Mais au fond, sans remuer avec un travail infini les livres des deux Testamens, il ne faut que lire le livre des Psaumes, où sont recueillis tant d'anciens cantiques du peuple de Dieu, pour y voir, dans la plus divine poésie qui fut jamais, des monumens immortels de l'histoire de Moïse, de celle des Juges, de celle des Rois, imprimés par le chant et par la mesure dans la mémoire des hommes. Et pour le nouveau Testament, les seules Épîtres de saint Paul, si vives, si originales, si fort du temps, des affaires et des mouvemens qui étoient alors, et enfin d'un caractère si marqué; ces Epîtres, dis-je, reçues par les églises auxquelles elles étoient adressées, et de là communiquées aux autres églises, suffiroient pour convaincre les esprits bien faits, que tout est sincère et original dans les Ecritures que les apôtres nous ont laissées.

Aussi se soutiennent-elles les unes les autres avec une force invincible. Les Actes des Apôtres ne font que continuer l'Évangile; leurs Épîtres le supposent nécessairement : mais, afin que tout soit d'accord, et les Actes et les Épîtres et les Evangiles réclament partout les anciens livres des Juifs (1). Saint Paul et les autres apôtres ne cessent d'alléguer ce que *Moïse a dit*, ce qu'il *a écrit* (2), ce que les prophètes ont dit et écrit après Moïse. Jésus-Christ appelle en témoignage *la loi de Moïse, les prophètes et les Psaumes* (3), comme des témoins qui déposent tous de la même vérité. S'il veut expliquer ses mystères, *il commence par Moïse et par les prophètes* (4); et quand il dit aux Juifs que *Moïse a écrit de lui* (5), il pose pour fondement ce qu'il y avoit de plus constant parmi eux, et les ramène à la source même de leurs traditions.

Voyons néanmoins ce qu'on oppose à une autorité si reconnue, et au consentement de tant de siècles : car, puisque de nos jours on a bien osé publier en toute sorte de langues des livres contre l'Ecriture, il ne faut point dissimuler ce qu'on dit pour décrier ses antiquités. Que dit-on donc pour autoriser la supposition du Pentateuque, et que peut-on objecter à

---

(1) *Act.* III. 22. VII. 22, *etc.* — (2) *Rom.* x. 5, 19. — (3) *Luc.* XXIV. 44. — (4) *Ibid.* 27. — (5) *Joann.* V. 46, 47.

une tradition de trois mille ans, soutenue par sa propre force et par la suite des choses? Rien de suivi, rien de positif, rien d'important; des chicanes sur des nombres, sur des lieux, ou sur des noms : et de telles observations, qui dans toute autre matière ne passeroient tout au plus que pour de vaines curiosités incapables de donner atteinte au fond des choses, nous sont ici alléguées comme faisant la décision de l'affaire la plus sérieuse qui fut jamais.

Il y a, dit-on, des difficultés dans l'histoire de l'Ecriture. Il y en a sans doute qui n'y seroient pas si le livre étoit moins ancien, ou s'il avoit été supposé, comme on l'ose dire, par un homme habile et industrieux; si l'on eût été moins religieux à le donner tel qu'on le trouvoit, et qu'on eût pris la liberté d'y corriger ce qui faisoit de la peine. Il y a les difficultés que fait un long temps, lorsque les lieux ont changé de nom ou d'état, lorsque les dates sont oubliées, lorsque les généalogies ne sont plus connues, qu'il n'y a plus de remède aux fautes qu'une copie tant soit peu négligée introduit si aisément en de telles choses, ou que des faits échappés à la mémoire des hommes laissent de l'obscurité dans quelque partie de l'histoire. Mais enfin cette obscurité est-elle dans la suite même, ou dans le fond de l'affaire? Nullement : tout y est suivi; et ce qui reste d'obscur ne sert qu'à faire voir dans les livres saints une antiquité plus vénérable.

Mais il y a des altérations dans le texte : les anciennes versions ne s'accordent pas; l'Hébreu en divers endroits est différent de lui-même; et le texte des Samaritains, outre le mot qu'on les accuse d'y avoir changé exprès (1) en faveur de leur temple de Garizim, diffère encore en d'autres endroits de celui des Juifs. Et de là que conclura-t-on? que les Juifs ou Esdras auront supposé le Pentateuque au retour de la captivité? C'est justement tout le contraire qu'il faudroit conclure. Les différences du Samaritain ne servent qu'à confirmer ce que nous avons déjà établi, que leur texte est indépendant de celui des Juifs. Loin qu'on puisse s'imaginer que ces schismatiques aient pris quelque chose des Juifs et d'Esdras, nous avons vu au contraire que c'est en haine

---

(1) *Deut.* xxvii. 4.

des Juifs et d'Esdras, et en haine du premier et du second temple, qu'ils ont inventé leur chimère de Garizim. Qui ne voit donc qu'ils auroient plutôt accusé les impostures des Juifs que de les suivre? Ces rebelles, qui ont méprisé Esdras et tous les prophètes des Juifs, avec leur temple et Salomon, qui l'avoit bâti, aussi-bien que David, qui en avoit désigné le lieu, qu'ont-ils respecté dans leur Pentateuque, sinon une antiquité supérieure non-seulement à celle d'Esdras et des prophètes, mais encore à celle de Salomon et de David, en un mot, l'antiquité de Moïse dont les deux peuples conviennent? Combien donc est incontestable l'autorité de Moïse et du Pentateuque, que toutes les objections ne font qu'affermir.

Mais d'où viennent ces variétés des textes et des versions? D'où viennent-elles en effet, sinon de l'antiquité du livre même, qui a passé par les mains de tant de copistes depuis tant de siècles que la langue dans laquelle il est écrit a cessé d'être commune? Mais laissons les vaines disputes, et tranchons en un mot la difficulté par le fond. Qu'on me dise s'il n'est pas constant que de toutes les versions, et de tout le texte quel qu'il soit, il en reviendra toujours les mêmes lois, les mêmes miracles, les mêmes prédictions, la même suite d'histoire, le même corps de doctrine, et enfin la même substance. En quoi nuisent après cela les diversités des textes? Que nous falloit-il davantage que ce fond inaltérable des livres sacrés, et que pouvions-nous demander de plus à la divine providence? Et pour ce qui est des versions, est-ce une marque de supposition ou de nouveauté, que la langue de l'Ecriture soit si ancienne qu'on en ait perdu les délicatesses, et qu'on se trouve empêché à en rendre toute l'élégance ou toute la force dans la dernière rigueur? N'est-ce pas plutôt une preuve de la plus grande antiquité? Et si on veut s'attacher aux petites choses, qu'on me dise si de tant d'endroits où il y a de l'embarras, on en a jamais rétabli un seul par raisonnement ou par conjecture. On a suivi la foi des exemplaires; et, comme la tradition n'a jamais permis que la saine doctrine pût être altérée, on a cru que les autres fautes, s'il y en restoit, ne serviroient qu'à prouver qu'on n'a rien ici innové par son propre esprit.

Mais enfin, et voici le fort de l'objection, n'y a-t-il pas des choses ajoutées dans le texte de Moïse, et d'où vient qu'on trouve sa mort à la fin du livre qu'on lui attribue? Quelle merveille que ceux qui ont continué son histoire aient ajouté sa fin bienheureuse au reste de ses actions, afin de faire du tout un même corps? Pour les autres additions, voyons ce que c'est. Est-ce quelque loi nouvelle, ou quelque nouvelle cérémonie, quelque dogme, quelque miracle, quelque prédiction? On n'y songe seulement pas: il n'y en a pas le moindre soupçon ni le moindre indice: c'eût été ajouter à l'œuvre de Dieu: la loi l'avoit défendu (1), et le scandale qu'on eût causé eût été horrible. Quoi donc? on aura continué peut-être une généalogie commencée; on aura peut-être expliqué un nom de ville changé par le temps; à l'occasion de la manne dont le peuple a été nourri durant quarante ans, on aura marqué le temps où cessa cette nourriture céleste, et ce fait, écrit depuis dans un autre livre (2), sera demeuré par remarque

---

(1) *Deuter.* IV. 2. XII. 32. *Voy.* ci-*dessus*, IIe part. *pag.* 203. — (2) *Jos.* V. 12.

dans celui de Moïse (1), comme un fait constant et public dont tout le peuple étoit témoin : quatre ou cinq remarques de cette nature faites par Josué ou par Samuel, ou par quelque autre prophète d'une pareille antiquité, parce qu'elles ne regardoient que des faits notoires, et où constamment il n'y avoit point de difficulté, auront naturellement passé dans le texte, et la même tradition nous les aura apportées avec tout le reste : aussitôt tout sera perdu ; Esdras sera accusé, quoique le Samaritain, où ces remarques se trouvent, nous montre qu'elles ont une antiquité non-seulement au dessus d'Esdras, mais encore au-dessus du schisme des dix tribus ! N'importe, il faut que tout retombe sur Esdras. Si ces remarques venoient de plus haut, le Pentateuque seroit encore plus ancien qu'il ne faut, et on ne pourroit assez révérer l'antiquité d'un livre dont les notes même auroient un si grand âge. Esdras aura donc tout fait ; Esdras aura oublié qu'il vouloit faire parler Moïse, et lui aura fait écrire si grossièrement comme déjà arrivé ce qui s'est passé

―――――――

(1) *Exod.* xvi. 35.

après lui. Tout un ouvrage sera convaincu de supposition par ce seul endroit ; l'autorité de tant de siècles et la foi publique ne lui servira plus de rien : comme si, au contraire, on ne voyoit pas que ces remarques dont on se prévaut sont une nouvelle preuve de sincérité et de bonne foi, non-seulement dans ceux qui les ont faites, mais encore dans ceux qui les ont transcrites. A-t-on jamais jugé de l'autorité, je ne dis pas d'un livre divin, mais de quelque livre que ce soit, par des raisons si légères ? Mais c'est que l'Ecriture est un livre ennemi du genre humain ; il veut obliger les hommes à soumettre leur esprit à Dieu, et à réprimer leurs passions déréglées : il faut qu'il périsse ; et à quelque prix que ce soit, il doit être sacrifié au libertinage.

Au reste, ne croyez pas que l'impiété s'engage sans nécessité dans toutes les absurdités que vous avez vues. Si contre le témoignage du genre humain, et contre toutes les règles du bon sens, elle s'attache à ôter au Pentateuque et aux prophéties leurs auteurs toujours reconnus, et à leur contester leurs dates ; c'est que les dates font tout en cette matière, pour deux raisons. Premièrement, parce que des livres pleins de tant de faits miraculeux, qu'on y voit revêtus de leurs circonstances les plus particulières, et avancés non-seulement comme publics, mais encore comme présens, s'ils eussent pu être démentis, auroient porté avec eux leur condamnation; et au lieu qu'ils se soutiennent de leur propre poids, ils seroient tombés par eux-mêmes il y a long-temps. Secondement, parce que leurs dates étant une fois fixées, on ne peut plus effacer la marque infaillible d'inspiration divines qu'ils portent empreinte dans le grand nombre et la longue suite des prédictions mémorables dont on les trouve remplis.

C'est pour éviter ces miracles et ces prédictions, que les impies sont tombés dans toutes les absurdités qui vous ont surpris. Mais qu'ils ne pensent pas échapper à Dieu : il a réservé à son Ecriture une marque de divinité qui ne souffre aucune atteinte. C'est le rapport des deux Testamens. On ne dispute pas du moins que tout l'ancien Testament ne soit écrit devant le nouveau. Il n'y a point ici de nouvel Esdras qui ait pu persuader aux Juifs d'inventer ou de falsifier leur Ecriture en faveur des Chrétiens qu'ils persécotoient. Il n'en faut pas davantage. Par le rapport des deux Testamens, on prouve que l'un et l'autre est divin. Ils ont tous deux le même dessein et la même suite : l'un prépare la voie à la perfection que l'autre montre à découvert ; l'un pose le fondement, et l'autre achève l'édifice ; en un mot, l'un prédit ce que l'autre fait voir accompli.

Ainsi tous les temps sont unis ensemble, et un dessein éternel de la divine providence nous est révélé. La tradition du peuple juif et celle du peuple chrétien ne font ensemble qu'une même suite de religion, et les Ecritures des deux Testamens ne font aussi qu'un même corps et un même livre.

CHAPITRE XXIX.

Moyen facile de remonter à la source de la religion, et d'en trouver la vérité dans son principe.

Ces choses seront évidentes à qui voudra les considérer avec attention. Mais, comme tous les esprits ne sont pas également capables d'un raisonnement suivi, prenons par la main les plus infirmes, et menons-les doucement jusqu'à l'origine.

Qu'ils considèrent d'un côté les institutions chrétiennes, et de l'autre celles des Juifs : qu'ils en recherchent la source, en commençant par les nôtres, qui leur sont plus familières, et qu'ils regardent attentivement les lois qui règlent nos mœurs : qu'ils regardent nos Écritures, c'est-à-dire les quatre Évangiles, les Actes des Apôtres, les Épîtres apostoliques et l'Apocalypse; nos sacremens, notre sacrifice, notre culte; et parmi les sacremens, le Baptême, où ils voient la consécration du Chrétien sous l'invocation expresse de la Trinité; l'Eucharistie, c'est-à-dire un sacrement établi pour conserver la mémoire de la mort de Jésus-Christ, et de la rémission des péchés qui y est attachée; qu'ils joignent à toutes ces choses le gouvernement ecclésiastique, la société de l'Église chrétienne en général, les églises particulières. les évêques, les prêtres, les diacres préposés pour les gouverner. Des choses si nouvelles, si singulières, si universelles, ont sans doute une origine. Mais quelle origine peut-on leur donner, sinon Jésus-Christ et ses disciples; puisqu'en remontant par degrés et de siècle en siècle, ou pour mieux dire d'année en année, on les trouve ici et non pas plus haut, et que c'est là que commencent, non-seulement ces institutions, mais encore le nom même de Chrétien. Si nous avons un Baptême, une Eucharistie, avec les circonstances que nous avons vues, c'est Jésus-Christ qui en est l'auteur. C'est lui qui a laissé à ses disciples ces caractères de leur profession, ces mémoriaux de ses œuvres, ces instrumens de sa grâce. Nos saints livres se trouvent tous publiés dès le temps des apôtres, ni plus tôt, ni plus tard; c'est en leur personne que nous trouvons la source de l'épiscopat. Que, si, parmi nos évêques, il y en a un premier, on voit aussi une primauté parmi les apôtres; et celui qui est le premier parmi nous est reconnu dès l'origine du christianisme pour le successeur de celui qui étoit déjà le premier sous Jésus-Christ même, c'est-à-dire de Pierre. J'avance hardiment ces faits, et même le dernier comme constant, parce qu'il ne peut jamais être contesté de bonne foi, non plus que les autres, comme il seroit aisé de le faire voir par ceux même qui, par ignorance ou par esprit de contradiction, ont le plus chicané là-dessus.

Nous voilà donc à l'origine des institutions chrétiennes. Avec la même méthode remontons à l'origine de celles des Juifs. Comme là nous avons trouvé Jésus-Christ sans qu'on puisse seulement songer à remonter plus haut ; ici, par les mêmes voies et par les mêmes raisons, nous serons obligés de nous arrêter à Moïse, ou de remonter aux origines que Moïse nous a marquées.

Les Juifs avoient comme nous, et ont encore en partie, leurs lois, leurs observances, leurs sacremens, leurs Ecritures, leur gouvernement, leurs pontifes, leur sacerdoce, le service de leur temple. Le sacerdoce étoit établi dans la famille d'Aaron, frère de Moïse. D'Aaron et de ses enfans venoit la distinction des familles sacerdotales ; chacun reconnoissoit sa tige ; et tout venoit de la source d'Aaron, sans qu'on pût remonter plus haut. La Pâque ni les autres fêtes ne pouvoient venir de moins loin. Dans la Pâque, tout rappeloit à la nuit où le peuple avoit été affranchi de la servitude d'Egypte, et où tout se préparoit à sa sortie. La Pentecôte ramenoit aussi jour pour jour le temps où la loi avoit été donnée, c'est-à-dire la cinquantième journée après la sortie d'Egypte. Un même nombre de jours séparoit encore ces deux solennités. Les tabernacles, ou les tentes de feuillages verts, où de temps immémorial le peuple demeuroit tous les ans sept jours et sept nuits entières, étoient l'image du long campement dans le désert durant quarante ans ; et il n'y avoit parmi les Juifs, ni fête, ni sacrement, ni cérémonie qui n'eût été instituée ou confirmée par Moïse, et qui ne portât encore, pour ainsi dire, le nom et le caractère de ce grand législateur.

Ces religieuses observances n'étoient pas toutes de même antiquité. La circoncision, la défense de manger du sang, le sabbat même étoient plus anciens que Moïse et que la loi, comme il paroît par l'Exode (1) ; mais le peuple savoit toutes ces dates, et Moïse les avoit marquées. La circoncision menoit à Abraham, à l'origine de la nation, à la promesse de l'alliance (2). La défense de manger du sang menoit à Noé et au déluge (3) ; et les révolutions du sabbat, à la création de l'univers, et au septième jour béni de Dieu, où il acheva ce grand ouvrage (4). Ainsi

---

(1) *Exod.* XVI. 23. — (2) *Gen.* XVII. 11. — (3) *Ibid.* IX. 4. — (4) *Ibid.* II. 3.

tous les grands événemens, qui pouvoient servir à l'instruction des fidèles, avoient leur mémorial parmi les Juifs ; et ces anciennes observances, mêlées avec celles que Moïse avoit établies, réunissoient dans le peuple de Dieu toute la religion des siècles passés.

Une partie de ces observances ne paroissent plus à présent dans le peuple juif. Le temple n'est plus, et avec lui devoient cesser les sacrifices et même le sacerdoce de la loi. On ne connoît plus parmi les Juifs d'enfans d'Aaron, et toutes les familles sont confondues. Mais puisque tout cela étoit encore en son entier, lorsque Jésus-Christ est venu, et que constamment il rapportoit tout à Moïse, il n'en faudroit pas davantage pour demeurer convaincu qu'une chose si établie venoit de bien loin, et de l'origine même de la nation.

Qu'ainsi ne soit ; remontons plus haut et parcourons toutes les dates où l'on nous pourroit arrêter. D'abord on ne peut aller moins loin qu'Esdras. Jésus-Christ a paru dans le second temple, et c'est constamment du temps d'Esdras qu'il a été rebâti. Jésus-Christ n'a cité de livres que ceux que les Juifs avoient mis dans leur Canon; mais suivant la tradition constante de la nation, ce Canon a été clos et comme scellé du temps d'Esdras, sans que jamais les Juifs aient rien ajouté depuis, et c'est ce que personne ne révoque en doute. C'est donc ici une double date, une époque, si vous voulez l'appeler ainsi, bien considérable pour leur histoire, et en particulier pour celle de leur Ecriture. Mais il nous a paru plus clair que le jour qu'il n'étoit pas possible de s'arrêter là, puisque là même tout est rapporté à une autre source. Moïse est nommé partout comme celui dont les livres, révérés par tout le peuple, par tous les prophètes, par ceux qui vivoient alors, par ceux qui les avoient précédés, faisoient l'unique fondement de la religion judaïque. Ne regardons pas encore ces prophètes comme des hommes inspirés : qu'ils soient seulement, si l'on veut, des hommes qui avoient paru en divers temps et sous divers rois, et que l'on ait écoutés comme les interprètes de la religion ; leur seule succession, jointe à celle de ces rois dont l'histoire est liée avec la leur, nous mène manifestement à la source de Moïse. Malachie, Aggée, Zacharie, Esdras, qui regardent la loi de Moïse comme établie de tout temps, touchent les temps de Daniel, où il paroît clairement qu'elle n'étoit pas moins reconnue. Daniel touche à Jérémie et à Ezéchiel, où l'on ne voit autre chose que Moïse, l'alliance faite sous lui, les commandemens qu'il a laissés, les menaces et les punitions pour les avoir transgressés (1) : tous parlent de cette loi comme l'ayant goûtée dès leur enfance; et non-seulement ils l'allèguent comme reçue, mais encore ils ne font aucune action, ils ne disent pas un mot qui n'ait avec elle de secrets rapports.

Jérémie nous mène au temps du roi Josias, sous lequel il a commencé à prophétiser. La loi de Moïse étoit donc alors aussi connue et aussi célèbre que les écrits de ce prophète, que tout le peuple lisoit de ses yeux, et que ses prédications, que chacun écoutoit de ses oreilles. En effet, en quoi est-ce que la piété de ce prince est recommandable dans l'histoire sainte, si ce n'est pour avoir détruit dès son enfance tous les temples et tous les autels que cette loi défendoit, pour avoir célébré avec un

---

(1) *Jérem.* xi. 1, etc. *Bar.* ii. 2. *Ezech.* xi, 12; xviii, xxii, xxiii, etc. *Malach.* iv. 4.

soin particulier les fêtes qu'elle commandoit, par exemple, celle de Pâque avec toutes les observances qu'on trouve encore écrites de mot à mot dans la loi (1), enfin pour avoir tremblé avec tout son peuple à la vue des transgressions qu'eux et leurs pères avoient commises contre cette loi, et contre Dieu, qui en étoit l'auteur (2). Mais il n'en faut pas demeurer là. Ezéchias son aïeul avoit célébré une Pâque aussi solennelle, et avec les mêmes cérémonies, et avec la même attention à suivre la loi de Moïse. Isaïe ne cessoit de la prêcher avec les autres prophètes, non-seulement sous le règne d'Ezéchias, mais encore durant un long temps sous les règnes de ses prédécesseurs. Ce fut en vertu de cette loi qu'Ozias, le bisaïeul d'Ezéchias, étant devenu lépreux, fut non-seulement chassé du temple, mais encore séparé du peuple avec toutes les précautions que cette loi avoit prescrites (3). Un exemple si mémorable en la personne d'un roi, et d'un si grand roi, marque la loi trop présente et

---

(1) *II. Paral.* xxxv. — (2) *IV. Reg.* xxii xxiii. *II. Paral.* xxxiv. — (3) *IV. Reg.* xv. 5. *II. Paral.* xxxvi. 19, etc. *Lev.* xiii. *Num.* v, 2.

trop connue de tout le peuple pour ne venir pas de plus haut. Il n'est pas moins aisé de remonter par Amasias, par Josaphat, par Asa, par Abia, par Roboam, à Salomon, père du dernier, qui recommande si hautement la loi de ses pères par ces paroles des Proverbes (1) : « Garde, » mon fils, les préceptes de ton père, n'ou- » blie pas la loi de ta mère. Attache les » commandemens de cette loi à ton cœur; » fais-en un collier autour de ton cou : » quand tu marcheras, qu'ils te suivent; » qu'ils te gardent dans ton sommeil; et » incontinent après ton réveil entretiens- » toi avec eux ; parce que le commande- » ment est un flambeau, et la loi une lu- » mière, et la vie une correction et une ins- » truction salutaire. » En quoi il ne fait que répéter ce que son père David avoit chanté (2) : « La loi du Seigneur est sans tache; » elle convertit les âmes : le témoignage » du Seigneur est sincère, et rend sages » les petits enfans : les justices du Seigneur » sont droites, et réjouissent les cœurs :

---

(1) *Prov.* vi. 20, 21, 22, 23. — (2) *Ps.* xviii. 8, 9.

» ses préceptes sont pleins de lumière, ils
» éclairent les yeux. » Et tout cela qu'est-ce
autre chose que la répétition, et l'exécution
de ce que disoit la loi elle-même (1) :
« Que les préceptes que je te donnerai au-
» jourd'hui soient dans ton cœur : raconte-
» les à tes enfans, et ne cesse de les mé-
» diter, soit que tu demeures dans ta mai-
» son, ou que tu marches dans les chemins;
» quand tu te couches le soir, ou le matin
» quand tu te lèves. Tu les lieras à ta main
» comme un signe; ils seront mis et se re-
» mueront dans des rouleaux devant tes
» yeux, et tu les écriras à l'entrée sur la porte
» de ta maison. » Et on voudroit qu'une loi
qui devoit être si familière, et si fort entre
les mains de tout le monde, pût venir par
des voies cachées; ou qu'on pût jamais
l'oublier, et que ce fût une illusion qu'on
eût faite à tout le peuple, que de lui persuader que c'étoit la loi de ses pères, sans
qu'il en eût vu de tout temps des monumens incontestables.

Enfin, puisque nous en sommes à David et à Salomon, leur ouvrage le plus

---

(1) *Deut.* vi. 6, 7, 8, 9.

mémorable, celui dont le souvenir ne s'étoit jamais effacé dans la nation, c'étoit le temple. Mais qu'ont fait après tout ces deux grands rois, lorsqu'ils ont préparé et construit cet édifice incomparable ? qu'ont-ils fait que d'exécuter la loi de Moïse, qui ordonnoit de choisir un lieu où l'on célébrât le service de toute la nation (1), où s'offrissent les sacrifices que Moïse avoit prescrits, où l'on retirât l'arche qu'il avoit construite dans le désert, dans lequel enfin on mît en grand le tabernacle que Moïse avoit fait bâtir pour être le modèle du temple futur : de sorte qu'il n'y a pas un seul moment où Moïse et sa loi n'ait été vivante ; et la tradition de ce célèbre législateur remonte de règne en règne, et presque d'année en année, jusqu'à lui-même.

Avouons que la tradition de Moïse est trop manifeste et trop suivie pour donner le moindre soupçon de fausseté, et que les temps dont est composée cette succession se touchent de trop près pour laisser la moindre jointure et le moindre vide où la supposition pût être placée. Mais

---

(1) *Deut.* XII. 5; XIV. 23, XV. 20, XVI. 2, *etc.*

pourquoi nommer ici la supposition ? il n'y faudroit pas seulement penser, pour peu qu'on eût de bon sens. Tout est rempli, tout est gouverné, tout est, pour ainsi dire, éclairé de la loi et des livres de Moïse. On ne peut les avoir oubliés un seul moment; et il n'y auroit rien de moins soutenable que de vouloir s'imaginer que l'exemplaire qui en fut trouvé dans le temple par Helcias, souverain pontife (1), à la dix-huitième année de Josias, et apporté à ce prince, fût le seul qui restât alors. Car qui auroit détruit les autres? Que seroient devenues les Bibles d'Osée, d'Isaïe, d'Amos, de Michée et des autres, qui écrivoient immédiatement devant ce temps, et de tous ceux qui les avoient suivis dans la pratique de la piété ? Où est-ce que Jérémie auroit appris l'Ecriture sainte, lui qui commença à prophétiser avant cette découverte, et dès la treizième année de Josias ? Les prophètes se sont bien plaints que l'on transgressoit la loi de Moïse, mais non pas qu'on en eût perdu jusqu'aux livres. On ne lit point, ni qu'A-

---

(1) *IV. Reg.* XXII. 10, *II. Paral.* XXXIV. 14.

chaz, ni que Manassès, ni qu'Amon, ni qu'aucun de ces rois impies qui ont précédé Josias aient tâché de les supprimer. Il y auroit eu autant de folie et d'impossibilité, que d'impiété dans cette entreprise; et la mémoire d'un tel attentat ne se seroit jamais effacée : et quand ils auroient tenté la suppression de ce divin livre dans le royaume de Juda, leur pouvoir ne s'étendoit pas sur les terres du royaume d'Israël, où il s'est trouvé conservé. On voit donc bien que ce livre, que le souverain pontife fit apporter à Josias, ne peut avoir été autre chose qu'un exemplaire plus correct et plus authentique, fait sous les rois précédens, et déposé dans le temple, ou plutôt, sans hésiter, l'original de Moïse, que ce sage législateur avoit « ordonné qu'on mît à côté de » l'arche en témoignage contre tout le » peuple (1). » C'est ce qu'insinuent ces paroles de l'histoire sainte : « Le pontife » Helcias trouva dans le temple le livre de » la loi de Dieu par la main de Moïse (2). » Et de quelque sorte qu'on entende ces paroles, il est bien certain que rien n'é-

---

(1) *Deut.* xxxi 26. — (2) *II. Paral.* xxxiv. 14.

toit plus capable de réveiller le peuple endormi, et de ranimer son zèle à la lecture de la loi, peut-être alors trop négligée, qu'un original de cette importance laissé dans le sanctuaire par les soins et par l'ordre de Moïse, en témoignage contre les révoltes et les transgressions du peuple, sans qu'il soit besoin de se figurer la chose du monde la plus impossible, c'est-à-dire la loi de Dieu oubliée ou réduite à un exemplaire. Au contraire, on voit clairement que la découverte de ce livre n'apprend rien de nouveau au peuple, et ne fait que l'exciter à prêter une oreille plus attentive à une voix qui lui étoit déjà connue. C'est ce qui fait dire au Roi : « Allez et priez » le Seigneur pour moi et pour les restes » d'Israël et de Juda, afin que la colère » de Dieu ne s'élève point contre nous au » sujet des paroles écrites dans ce livre, » puisqu'il est arrivé de si grands maux à » nous et à nos pères, pour ne les avoir » point observées (1). »

Après cela, il ne faut plus se donner la peine d'examiner en particulier tout ce

---

(1) II. Paral. xxxiv. 21.

qu'ont imaginé les incrédules, les faux savans, les faux critiques, sur la supposition des livres de Moïse. Les mêmes impossibilités qu'on y trouvera en quelque temps que ce soit, par exemple, dans celui d'Esdras, règnent partout. On trouvera toujours également dans le peuple une répugnance invincible à regarder comme ancien ce dont il n'aura jamais entendu parler, et comme venu de Moïse, et déjà connu et établi, ce qui viendra de leur être mis tout nouvellement entre les mains.

Il faut encore se souvenir de ce qu'on ne peut jamais assez remarquer, de dix tribus séparées. C'est la date la plus remarquable dans l'histoire de la nation, puisque c'est lors qu'il se forma un nouveau royaume, et que celui de David et de Salomon fut divisé en deux. Mais puisque les livres de Moïse sont demeurés dans les deux partis ennemis comme un héritage commun, ils venoient par conséquent des pères communs avant la séparation; par conséquent aussi ils venoient de Salomon, de David, de Samuel, qui l'avoit sacré; d'Héli, sous qui Samuel encore enfant avoit appris le culte de Dieu et l'observance de la loi; de cette loi que

David célébroit dans ses Psaumes chantés de tout le monde, et Salomon dans ses sentences que tout le peuple avoit entre les mains. De cette sorte, si haut qu'on remonte, on trouve toujours la loi de Moïse établie, célèbre, universellement reconnue, et on ne se peut reposer qu'en Moïse même : comme dans les archives chrétiennes on ne peut se reposer que dans les temps de Jésus-Christ et des apôtres.

Mais là que trouverons-nous ? que trouverons-nous dans ces deux points fixes de Moïse et de Jésus-Christ ? sinon, comme nous l'avons déjà vu, des miracles visibles et incontestables, en témoignage de la mission de l'un et de l'autre. D'un côté, les plaies de l'Egypte, le passage de la mer Rouge, la loi donnée sur le mont Sinaï, la terre entr'ouverte, et toutes les autres merveilles dont on disoit à tout le peuple qu'il avoit été lui-même le témoin ; et de l'autre, des guérisons sans nombre, des résurrections de morts, et celle de Jésus-Christ même attestée par ceux qui l'avoient vue, et soutenue jusqu'à la mort, c'est-à-dire, tout ce qu'on souhaite pour assurer la vérité d'un fait ; puisque Dieu même, je ne craindrai pas de le dire, ne pouvoit rien faire de plus clair pour établir la certitude du fait, que de le réduire au témoignage des sens; ni une épreuve plus forte pour établir la sincérité des témoins, que celle d'une cruelle mort.

Mais après qu'en remontant des deux côtés, je veux dire du côté des Juifs et de celui des Chrétiens, on a trouvé une origine si certainement miraculeuse et divine, il restoit encore, pour achever l'ouvrage, de faire voir la liaison de deux institutions si manifestement venues de Dieu. Car il faut qu'il y ait un rapport entre ses œuvres, que tout soit d'un même dessein, et que la loi chrétienne, qui se trouve la dernière, se trouve attachée à l'autre. C'est aussi ce qui ne peut être nié. On ne doute pas que les Juifs n'aient attendu et n'attendent encore un Christ; et les prédictions dont ils sont les porteurs ne permettent pas de douter que ce Christ promis aux Juifs ne soit celui que nous croyons.

CHAPITRE XXX.

Les prédictions réduites à trois faits palpables : parabole du Fils de Dieu qui en établit la liaison.

Et à cause que la discussion desprédictions particulières, quoiqu'en soi pleine de lumière, dépend de beaucoup de faits que tout le monde ne peut pas suivre également, Dieu en a choisi quelques-uns qu'il a rendus sensibles aux plus ignorans. Ces faits illustres, ces faits éclatans dont tout l'univers est témoin, sont les faits que jai tâché jusques ici de vous faire suivre; c'est-à-dire, la désolation du peuple juif et la conversion des Gentils arrivées ensemble, et toutes deux précisément dans le même temps que l'Evangile a été prêché, et que Jésus-Christ a paru.

Ces trois choses, unies dans l'ordre des temps, l'étoient encore beaucoup davantage dans l'ordre des conseils de Dieu. Vous les avez vues marcher ensemble dans les anciennes prophéties : mais Jésus-Christ, fidèle interprète des prophéties et des volontés de son Père, nous a encore mieux expliqué cette liaison dans son Evangile. Il le fait dans la parabole de la vigne (1), si familière aux prophètes. Le père de famille avoit planté cette vigne, c'est-à-dire la religion véritable fon-

---

(1) *Matth.* XXI. 33 *et seq.*

dée sur son alliance; et l'avoit donnée à cultiver à des ouvriers, c'est-à-dire aux Juifs. Pour en recueillir les fruits, il envoie à diverses fois ses serviteurs, qui sont les prophètes. Ces ouvriers infidèles les font mourir. Sa bonté le porte à leur envoyer son propre fils. Ils le traitent encore plus mal que les serviteurs. A la fin, il leur ôte sa vigne, et la donne à d'autres ouvriers : il leur ôte la grâce de son alliance pour la donner aux Gentils.

Ces trois choses devoient donc concourir ensemble, l'envoi du Fils de Dieu, la réprobation des Juifs, et la vocation des Gentils. Il ne faut plus de commentaire à la parabole que l'événement a interprétée.

Vous avez vu que les Juifs avouent que le royaume de Juda et l'état de leur république a commencé à tomber dans les temps d'Hérode, et lorsque Jésus-Christ est venu au monde. Mais si les altérations qu'ils faisoient à la loi de Dieu leur ont attiré une diminution si visible de leur puissance, leur dernière désolation, qui dure encore, devoit être la punition d'un plus grand crime.

Ce crime est visiblement leur méconnoissance envers leur Messie, qui venoit les instruire et les affranchir. C'est aussi depuis ce temps qu'un joug de fer est sur leur tête ; et ils en seroient accablés, si Dieu ne les réservoit à servir un jour ce Messie qu'ils ont crucifié.

Voilà donc déjà un fait avéré et public ; c'est la ruine totale de l'état du peuple Juif dans le temps de Jésus-Christ. La conversion des Gentils, qui devoit arriver dans le même temps, n'est pas moins avérée. En même temps que l'ancien culte est détruit dans Jérusalem avec le temple, l'idolâtrie est attaquée de tous côtés ; et les peuples, qui depuis tant de milliers d'années avoient oublié leur Créateur, se réveillent d'un si long assoupissement.

Et afin que tout convienne, les promesses spirituelles sont développées par la prédication de l'Evangile, dans le temps que le peuple juif, qui n'en avoit reçu que de temporelles, réprouvé manifestement pour son incrédulité, et captif par toute la terre, n'a plus de grandeur humaine à espérer. Alors le ciel est promis à ceux qui souffrent persécution pour la justice ; les secrets de la vie future sont prêchés, et la vraie béatitude est montrée loin de ce séjour où règne la mort, où abondent le péché et tous les maux.

Si on ne découvre pas ici un dessein toujours soutenu et toujours suivi ; si on n'y voit pas un même ordre des conseils de Dieu, qui prépare dès l'origine du monde ce qu'il achève à la fin des temps, et qui, sous divers états, mais avec une succession toujours constante, perpétue aux yeux de tout l'univers la sainte société où il veut être servi ; on mérite de ne rien voir, et d'être livré à son propre endurcissement, comme au plus juste et au plus rigoureux de tous les supplices.

Et afin que cette suite du peuple de Dieu fût claire aux moins clairvoyans, Dieu la rend sensible et palpable par des faits que personne ne peut ignorer, s'il ne ferme volontairement les yeux à la vérité. Le Messie est attendu par les Hébreux ; il vient, et il appelle les Gentils, comme il avoit été prédit. Le peuple qui le reconnoît comme venu, est incorporé au peuple qui l'attendoit, sans qu'il y ait entre deux un seul moment d'interruption : ce peuple est répandu par toute la terre : les Gentils ne cessent de s'y agréger, et cette Église que Jésus-Christ a établie sur la pierre, malgré les efforts de l'enfer, n'a jamais été renversée.

CHAPITRE XXXI.

Suite de l'Eglise catholique et sa victoire manifeste sur toutes les sectes.

QUELLE consolation aux enfans de Dieu! mais quelle conviction de la vérité, quand ils voient que d'Innocent XI, qui remplit aujourd'hui (*) si dignement le premier siége de l'Eglise, on remonte sans interruption jusqu'à saint Pierre, établi par Jésus-Christ prince des apôtres : d'où, en reprenant les pontifes qui ont servi sous la loi, on va jusqu'à Aaron et jusqu'à Moïse; de là jusqu'aux patriarches, et jusqu'à l'origine du monde! Quelle suite, quelle tradition, quel enchaînement merveilleux! Si notre esprit naturellement incertain, et devenu par ses incertitudes le jouet de ses propres raisonnemens, a besoin, dans les questions où il y va du salut, d'être fixé et déterminé par quelque autorité certaine; quelle plus grande autorité que celle de l'Eglise catholique, qui réunit en elle-même toute l'au-

---

(*) En 1681, époque de la première édition de cet ouvrage. (*Edit. de Vers.*)

torité des siècles passés, et les anciennes traditions du genre humain jusqu'à sa première origine ?

Ainsi la société que Jésus-Christ, attendu durant tous les siècles passés, a enfin fondée sur la pierre, et où saint Pierre et ses successeurs doivent présider par ses ordres, se justifie elle-même par sa propre suite, et porte dans son éternelle durée le caractère de la main de Dieu.

C'est aussi cette succession, que nulle hérésie, nulle secte, nulle autre société que la seule Eglise de Dieu n'a pu se donner. Les fausses religions ont pu imiter l'Eglise en beaucoup de choses, et surtout elles l'imitent en disant, comme elle, que c'est Dieu qui les a fondées : mais ce discours en leur bouche n'est qu'un discours en l'air. Car si Dieu a créé le genre humain; si, le créant à son image, il n'a jamais dédaigné de lui enseigner le moyen de le servir et de lui plaire, toute secte qui ne montre pas sa succession depuis l'origine du monde n'est pas de Dieu.

Ici tombent aux pieds de l'Eglise toutes les sociétés et toutes les sectes que les hommes ont établies au dedans ou au dehors du christianisme. Par exemple, le faux prophète des Arabes a bien pu se dire envoyé de Dieu, et après avoir trompé des peuples souverainement ignorans, il a pu profiter des divisions de son voisinage, pour y étendre par les armes une religion toute sensuelle : mais il n'a ni osé supposer qu'il ait été attendu, ni enfin il n'a pu donner, ou à sa personne, ou à sa religion, aucune liaison réelle ni apparente avec les siècles passés. L'expédient qu'il a trouvé pour s'en exempter est nouveau. De peur qu'on ne voulût rechercher dans les Ecritures des Chrétiens des témoignages de sa mission, semblables à ceux que Jésus-Christ trouvoit dans les Ecritures des Juifs, il a dit que les Chrétiens et les Juifs avoient falsifié tous leurs livres. Ses sectateurs ignorans l'en ont cru sur sa parole, six cents ans après Jésus-Christ ; et il s'est annoncé lui-même, non-seulement sans aucun témoignage précédent, mais encore sans que ni lui ni les siens aient osé ou supposer ou promettre aucun miracle sensible qui ait pu autoriser sa mission. De même, les hérésiarques qui ont fondé des sectes nouvelles parmi les Chrétiens, ont bien pu rendre la foi plus facile, et en même temps moins soumise, en niant les mystères qui passent les sens. Ils ont bien pu éblouir les hommes par leur éloquence et par une apparence de piété, les remuer par leurs passions, les engager par leurs intérêts, les attirer par la nouveauté et par le libertinage, soit par celui de l'esprit, soit même par celui des sens; en un mot, ils ont pu facilement, ou se tromper, ou tromper les autres, car il n'y a rien de plus humain : mais outre qu'ils n'ont pas pu même se vanter d'avoir fait aucun miracle en public, ni réduire leur religion à des faits positifs dont leurs sectateurs fussent témoins, il y a toujours un fait malheureux pour eux, que jamais ils n'ont pu couvrir; c'est celui de leur nouveauté. Il paroîtra toujours aux yeux de tout l'univers, qu'eux et la secte qu'ils ont établie se sera détachée de ce grand corps et de cette Eglise ancienne que Jésus-Christ a fondée, où saint Pierre et ses successeurs tenoient la première place, dans laquelle toutes les sectes les ont trouvés établis. Le moment de la séparation sera toujours si constant, que les hérétiques eux-mêmes ne le pourront désavouer, et qu'ils n'oseront pas seulement tenter de se faire venir de la source par une suite qu'on n'ait jamais vue s'interrompre. C'est le foible inévitable de toutes les sectes que les hommes ont établies. Nul ne peut changer les siècles passés, ni se donner des prédécesseurs, ou faire qu'il les ait trouvés en possession. La seule Eglise catholique remplit tous les siècles précédens par une suite qui ne lui peut être contestée. La loi vient au devant de l'Evangile ; la succession de Moïse et des patriarches ne fait qu'une même suite avec celle de Jésus-Christ : être attendu, venir, être reconnu par une postérité qui dure autant que le monde, c'est le caractère du Messie en qui nous croyons. « Jésus-Christ est » aujourd'hui, il étoit hier, et il est aux » siècles des siècles (1). »

Ainsi, outre l'avantage qu'a l'Eglise de Jésus-Christ, d'être seule fondée sur des faits miraculeux et divins qu'on a écrits hautement, et sans crainte d'être démenti, dans le temps qu'ils sont arrivés ; voici, en faveur de ceux qui n'ont pas vécu dans ces temps, un miracle toujours subsistant, qui confirme la vérité de tous les autres : c'est la suite de la religion toujours victorieuse des erreurs qui ont

---

(1) *Hebr.* xiii. 8.

tâché de la détruire. Vous y pouvez joindre encore une autre suite, et c'est la suite visible d'un continuel châtiment sur les Juifs qui n'ont pas reçu le Christ promis à leurs pères.

Ils l'attendent néanmoins encore, et leur attente toujours frustrée fait une partie de leur supplice. Ils l'attendent, et font voir en l'attendant qu'il a toujours été attendu. Condamnés par leurs propres livres, ils assurent la vérité de la religion ; ils en portent, pour ainsi dire, toute la suite écrite sur leur front : d'un seul regard on voit ce qu'ils ont été, pourquoi ils sont comme on les voit, et à quoi ils sont réservés.

Ainsi quatre ou cinq faits authentiques, et plus clairs que la lumière du soleil, font voir notre religion aussi ancienne que le monde. Ils montrent, par conséquent, qu'elle n'a point d'autre auteur que celui qui a fondé l'univers, qui, tenant tout en sa main, a pu seul et commencer et conduire un dessein où tous les siècles sont compris.

Il ne faut donc plus s'étonner, comme on fait ordinairement, de ce que Dieu nous propose à croire tant de choses si dignes de lui, et tout ensemble si impénétrables à l'esprit humain : mais plutôt il faut s'étonner de ce qu'ayant établi la foi sur une autorité si ferme et si manifeste, il reste encore dans le monde des aveugles et des incrédules.

Nos passions désordonnées, notre attachement à nos sens, et notre orgueil indomptable en sont la cause. Nous aimons mieux tout risquer, que de nous contraindre : nous aimons mieux croupir dans notre ignorance que de l'avouer : nous aimons mieux satisfaire une vaine curiosité, et nourrir dans notre esprit indocile la liberté de penser tout ce qu'il nous plaît, que de ployer sous le joug de l'autorité divine.

De là vient qu'il y a tant d'incrédules ; et Dieu le permet ainsi pour l'instruction de ses enfans. Sans les aveugles, sans les sauvages, sans les infidèles qui restent, et dans le sein même du christianisme, nous ne connoîtrions pas assez la corruption profonde de notre nature, ni l'abîme d'où Jésus-Christ nous a tirés. Si sa sainte vérité n'étoit contredite, nous ne verrions pas la merveille qui l'a fait durer parmi tant de contradictions, et nous oublierions à la fin que nous sommes sauvés par la grâce. Maintenant l'incrédulité des uns humilie les autres ; et les rebelles qui s'opposent aux desseins de Dieu font éclater la puissance par laquelle, indépendamment de toute autre chose, il accomplit les promesses qu'il a faites à son Eglise.

Qu'attendons-nous donc à nous soumettre? Attendons-nous que Dieu fasse toujours de nouveaux miracles; qu'il les rende inutiles en les continuant; qu'il y accoutume nos yeux comme ils le sont au cours du soleil et à toutes les autres merveilles de la nature? Ou bien attendons-nous que les impies et les opiniâtres se taisent; que les gens de bien et les libertins rendent un égal témoignage à la vérité ; que tout le monde d'un commun accord la préfère à sa passion; et que la fausse science, que la seule nouveauté fait admirer, cesse de surprendre les hommes ? N'est-ce pas assez que nous voyions qu'on ne peut combattre la religion sans montrer, par de prodigieux égaremens, qu'on a le plus renversé, et qu'on ne se défend plus que par présomption ou par ignorance? L'Eglise, victorieuse des siècles et des erreurs, ne pourra-t-elle pas vaincre dans nos esprits les pitoyables raisonnemens qu'on lui oppose; et les promesses divines, que nous voyons tous les jours s'y accomplir, ne pourront-elles nous élever au-dessus des sens?

Et qu'on ne nous dise pas que ces promesses demeurent encore en suspens, et que comme elles s'étendent jusqu'à la fin du monde, ce ne sera qu'à la fin du monde que nous pourrons nous vanter d'en avoir vu l'accomplissement. Car, au contraire, ce qui s'est passé nous assure de l'avenir : tant d'anciennes prédictions si visiblement accomplies, nous font voir qu'il n'y aura rien qui ne s'accomplisse, et que l'Eglise, contre qui l'enfer, selon la promesse du Fils de Dieu, ne peut jamais prévaloir, sera toujours subsistante jusqu'à la consommation des siècles, puisque Jésus-Christ véritable en tout n'a point donné d'autres bornes à sa durée.

Les mêmes promesses nous assurent la vie future. Dieu, qui s'est montré si fidèle en accomplissant ce qui regarde le siècle présent, ne le sera pas moins à accomplir ce qui regarde le siècle futur, dont tout ce que nous voyons n'est qu'une préparation; et l'Eglise sera sur la terre toujours immuable et invincible, jusqu'à ce que ses enfans étant ramassés, elle soit tout entière transportée au ciel, qui est son séjour véritable.

Pour ceux qui seront exclus de cette cité céleste, une rigueur éternelle leur est réservée; et après avoir perdu par leur faute une bienheureuse éternité, il ne leur restera plus qu'une éternité malheureuse.

Ainsi les conseils de Dieu se terminent par un état immuable; ses promesses et ses menaces sont également certaines; et ce qu'il exécute dans le temps, assure ce qu'il nous ordonne ou d'espérer ou de craindre dans l'éternité.

Voilà ce que vous apprend la suite de la religion mise en abrégé devant vos yeux. Par le temps elle vous conduit à l'éternité. Vous voyez un ordre constant dans tous les desseins de Dieu, et une marque visible de sa puissance dans la durée perpétuelle de son peuple. Vous reconnoissez que l'Eglise a une tige toujours subsistante, dont on ne peut se séparer sans se perdre; et que ceux qui, étant unis à cette racine, font des œuvres dignes de leur foi, s'assurent la vie éternelle.

Etudiez donc, Monseigneur, avec une attention particulière cette suite de l'Eglise, qui vous assure si clairement toutes les promesses de Dieu. Tout ce qui rompt cette chaîne, tout ce qui sort de cette suite, tout ce qui s'élève de soi-même, et ne vient pas en vertu des promesses faites à l'Eglise dès l'origine du monde, vous doit faire horreur. Employez toutes vos forces à rappeler dans cette unité tout ce qui s'en est dévoyé, et à faire écouter l'Eglise par laquelle le Saint-Esprit prononce ses oracles.

La gloire de vos ancêtres est non-seulement de ne l'avoir jamais abandonnée, mais de l'avoir toujours soutenue, et d'avoir mérité par-là d'être appelés ses Fils aînés, qui est sans doute le plus glorieux de tous leurs titres.

Je n'ai pas besoin de vous parler de Clovis, de Charlemagne, ni de saint Louis. Considérez seulement le temps où vous vivez, et de quel père Dieu vous a fait naître. Un roi si grand en tout se distingue plus par sa foi que par ses autres admirables qualités. Il protége la religion au dedans et au dehors du royaume, et jusqu'aux extrémités du monde. Ses lois sont un des plus fermes remparts de l'Eglise. Son autorité, révérée autant par le mérite de sa personne que par la majesté de son sceptre, ne se soutient jamais mieux que lorsqu'elle défend la cause de Dieu. On n'entend plus de blasphème ; l'impiété tremble devant lui : c'est ce roi marqué par Salomon, qui dissipe tout le mal par ses regards (1). S'il attaque l'hérésie par tant de moyens, et plus encore que n'ont jamais fait ses prédécesseurs, ce n'est pas qu'il craigne pour son trône; tout est tranquille à ses pieds, et ses armes sont redoutées par toute la terre : mais c'est qu'il aime ses peuples, et que, se voyant élevé par la main de Dieu à une puissance que rien ne peut égaler dans l'univers, il n'en connoît point de plus bel usage que de la faire servir à guérir les plaies de l'Eglise.

Imitez, Monseigneur, un si bel exemple, et laissez-le à vos descendans. Recommandez-leur l'Eglise plus encore que ce grand empire que vos ancêtres gouvernent depuis tant de siècles. Que votre auguste maison, la première en dignité qui soit au monde, soit la première à défendre les droits de Dieu, et à étendre par tout l'univers le règne de Jésus-Christ qui la fait régner avec tant de gloire.

---

(1) *Prov.* xx. 3.

DISCOURS

SUR

L'HISTOIRE UNIVERSELLE,

A MONSEIGNEUR LE DAUPHIN.

TROISIÈME PARTIE.

LES EMPIRES.

CHAPITRE PREMIER.

Les révolutions des empires sont réglées par la Providence, et servent à humilier les princes.

Quoiqu'il n'y ait rien de comparable à cette suite de la vraie Eglise que je vous ai représentée, la suite des empires, qu'il faut maintenant vous remettre devant les yeux, n'est guère moins profitable, je ne dirai pas seulement aux grands princes comme vous, mais encore aux particuliers qui contemplent dans ces grands objets les secrets de la divine providence.

Premièrement, ces empires ont pour la plupart une liaison nécessaire avec l'histoire du peuple de Dieu. Dieu s'est servi des Assyriens et des Babyloniens, pour châtier ce peuple ; des Perses, pour le rétablir ; d'Alexandre et de ses premiers successeurs, pour le protéger ; d'Antiochus l'Illustre et de ses successeurs, pour l'exercer ; des Romains, pour soutenir sa liberté contre les rois de Syrie, qui ne songeoient qu'à le détruire. Les Juifs ont duré jusqu'à Jésus-Christ sous la puissance des mêmes Romains. Quand ils l'ont méconnu et crucifié, ces mêmes Romains ont prêté leurs mains sans y penser à la vengeance divine, et ont exterminé ce peuple ingrat. Dieu, qui avoit résolu de rassembler dans le même temps le peuple nouveau, de toutes les nations, a premièrement réuni les terres et les mers sous ce même empire. Le commerce de tant de peuples divers, autrefois étrangers les uns aux autres, et depuis réunis sous la domination romaine, a été un des plus puissans moyens dont la Providence se soit servie pour donner cours à l'Evangile. Si le même empire romain a persécuté durant trois cents ans ce peuple nouveau qui naissoit de tous côtés dans son enceinte, cette persécution a confirmé l'Eglise chrétienne, et a fait éclater sa gloire avec sa foi et sa patience. Enfin l'Empire romain a cédé ; et ayant trouvé quelque chose de plus invincible que lui, il a reçu paisiblement dans son sein cette Eglise à laquelle il avoit fait une si longue et si cruelle guerre. Les empereurs ont employé leur pouvoir à faire obéir l'Eglise ; et Rome a été le chef de l'empire spirituel que Jésus-Christ a voulu étendre par toute la terre.

Quand le temps a été venu que la puissance romaine devoit tomber, et que ce grand empire, qui s'étoit vainement promis l'éternité, devoit subir la destinée de tous les autres, Rome, devenue la proie des Barbares, a conservé par la religion son ancienne majesté. Les nations qui ont envahi l'empire romain y ont appris peu à peu la piété chrétienne qui a adouci leur barbarie ; et leurs rois, en se mettant chacun dans sa nation à la place des empereurs, n'ont trouvé aucun de leurs titres plus glorieux que celui de protecteurs de l'Église.

Mais il faut ici vous découvrir les secrets jugemens de Dieu sur l'empire romain et sur Rome même : mystère que le Saint-Esprit a révélé à saint Jean, et que ce grand homme, apôtre, évangéliste et prophète, a expliqué dans l'Apocalypse. Rome, qui avoit vieilli dans le culte des idoles, avoit une peine extrême à s'en défaire, même sous les empereurs chrétiens, et le sénat se faisoit un honneur de défendre les dieux de Romulus, auxquels il attribuoit toutes les victoires de l'ancienne république (1). Les empereurs étoient fatigués des députations de ce grand corps qui demandoit le rétablissement de ses idoles, et qui croyoit que corriger Rome de ses vieilles superstitions, étoit faire injure au nom romain. Ainsi cette compagnie, composée de ce que l'empire avoit de plus grand, et une immense multitude de peuple où se trou-

___

(1) *Zozim. lib.* iv. *Orat. Symm. apud Ambr. tom.* v, *lib.* v, *Ep.* xxx, *nunc* xvii ; *tom.* ii, *col.* 828 *et seq. Aug.* de Civit. Dei, *lib.* i, *c.* i, *etc. tom.* vii.

voient presque tous les puissans de Rome, ne pouvoient être retirés de leurs erreurs, ni par la prédication de l'Évangile, ni par un si visible accomplissement des anciennes prophéties, ni par la conversion presque de tout le reste de l'Empire, ni enfin par celle des princes dont tous les décrets autorisoient le christianisme. Au contraire, ils continuoient à charger d'opprobres l'Église de Jésus-Christ, qu'ils accusoient encore, à l'exemple de leurs pères, de tous les malheurs de l'Empire, toujours prêts à renouveler les anciennes persécutions s'ils n'eussent été réprimés par les empereurs. Les choses étoient encore en cet état, au quatrième siècle de l'Église, et cent ans après Constantin, quand Dieu enfin se ressouvint de tant de sanglans décrets du sénat contre les fidèles, et tout ensemble des cris furieux dont tout le peuple romain, avide du sang chrétien, avoit si souvent fait retentir l'amphithéâtre. Il livra donc aux Barbares cette ville *enivrée du sang des martyrs*, comme parle saint Jean (1). Dieu renouvela sur elle les ter-

---

(1) *Apoc.* xvii. 6.

ribles châtimens qu'il avoit exercés sur Babylone : Rome même est appelée de ce nom. Cette nouvelle Babylone, imitatrice de l'ancienne, comme elle enflée de ses victoires, triomphante dans ses délices et dans ses richesses, souillée de ses idolâtries, et persécutrice du peuple de Dieu, tombe aussi comme elle d'une grande chute, et saint Jean chante sa ruine (1). La gloire de ses conquêtes, qu'elle attribuoit à ses dieux, lui est ôtée : elle est en proie aux Barbares, prise trois et quatre fois, pillée, saccagée, détruite. Le glaive des Barbares ne pardonne qu'aux Chrétiens. Une autre Rome toute chrétienne sort des cendres de la première; et c'est seulement après l'inondation des Barbares, que s'achève entièrement la victoire de Jésus-Christ sur les dieux romains, qu'on voit non-seulement détruits, mais encore oubliés.

C'est ainsi que les empires du monde ont servi à la religion et à la conservation du peuple de Dieu : c'est pourquoi ce même Dieu, qui a fait prédire à ses prophètes les divers états de son peuple, leur a fait prédire aussi la succession des em-

---

(1) *Apoc.* XVII, XVIII.

pires. Vous avez vu les endroits où Nabuchodonosor a été marqué comme celui qui devoit venir pour punir les peuples superbes, et surtout le peuple juif ingrat envers son auteur. Vous avez entendu nommer Cyrus deux cents ans avant sa naissance, comme celui qui devoit rétablir le peuple de Dieu, et punir l'orgueil de Babylone. La ruine de Ninive n'a pas été prédite moins clairement. Daniel, dans ses admirables visions, a fait passer en un instant devant vos yeux l'empire de Babylone, celui des Mèdes et des Perses, celui d'Alexandre et des Grecs. Les blasphèmes et les cruautés d'un Antiochus l'Illustre y ont été prophétisés, aussi-bien que les victoires miraculeuses du peuple de Dieu sur un si violent persécuteur. On y voit ces fameux empires tomber les uns après les autres ; et le nouvel empire que Jésus-Christ devoit établir y est marqué si expressément par ses propres caractères, qu'il n'y a pas moyen de le méconnoître. C'est l'empire des saints du Très-haut ; c'est l'empire du Fils de l'homme : empire qui doit subsister au milieu de la ruine de tous les autres, et auquel seul l'éternité est promise.

Les jugemens de Dieu sur le plus grand de tous les empires de ce monde, c'est-à-dire sur l'Empire romain, ne nous ont pas été cachés. Vous les venez d'apprendre de la bouche de saint Jean. Rome a senti la main de Dieu, et a été comme les autres un exemple de sa justice. Mais son sort étoit plus heureux que celui des autres villes. Purgée par ses désastres des restes de l'idolâtrie, elle ne subsiste plus que par le christianisme qu'elle annonce à tout l'univers.

Ainsi tous les grands empires que nous avons vus sur la terre ont concouru par divers moyens au bien de la religion et à la gloire de Dieu, comme Dieu même l'a déclaré par ses prophètes.

Quand vous lisez si souvent dans leurs écrits que les rois entreront en foule dans l'Église, et qu'ils en seront les protecteurs et les nourriciers, vous reconnoissez à ces paroles les empereurs et les autres princes chrétiens; et, comme les rois vos ancêtres se sont signalés plus que tous les autres, en protégeant et en étendant l'Église de Dieu, je ne craindrai point de vous assurer que c'est eux qui de tous les rois sont prédits le plus clairement dans ces illustres prophéties.

Dieu donc, qui avoit dessein de se servir des divers empires, pour châtier, ou pour exercer, ou pour étendre, ou pour protéger son peuple, voulant se faire connoître pour l'auteur d'un si admirable conseil, en a découvert le secret à ses prophètes, et leur a fait prédire ce qu'il avoit résolu d'exécuter. C'est pourquoi, comme les empires entroient dans l'ordre des desseins de Dieu sur le peuple qu'il avoit choisi, la fortune de ces empires se trouve annoncée par les mêmes oracles du Saint-Esprit qui prédisent la succession du peuple fidèle.

Plus vous vous accoutumerez à suivre les grandes choses, et à les rappeler à leurs principes, plus vous serez en admiration de ces conseils de la Providence. Il importe que vous en preniez de bonne heure les idées, qui s'éclairciront tous les jours de plus en plus dans votre esprit, et que vous appreniez à rapporter les choses humaines aux ordres de cette sagesse éternelle dont elles dépendent.

Dieu ne déclare pas tous les jours ses volontés par ses prophètes touchant les rois et les monarchies qu'il élève ou qu'il détruit. Mais l'ayant fait tant de fois dans ces grands empires dont nous venons de parler, il nous montre, par ces exemples fameux, ce qu'il fait dans tous les autres; et il apprend aux rois ces deux vérités fondamentales : premièrement, que c'est lui qui forme les royaumes pour les donner à qui il lui plaît; et secondement, qu'il sait les faire servir, dans les temps et dans l'ordre qu'il a résolu, aux desseins qu'il a sur son peuple.

C'est ce qui doit tenir tous les princes dans une entière dépendance, et les rendre toujours attentifs aux ordres de Dieu, afin de prêter la main à ce qu'il médite pour sa gloire dans toutes les occasions qu'il leur en présente.

Mais cette suite des empires, même à la considérer plus humainement, a de grandes utilités, principalement pour les princes; puisque l'arrogance, compagne ordinaire d'une condition si éminente, est si fortement rabattue par ce spectacle. Car, si les hommes apprennent à se modérer en voyant mourir les rois, combien plus seront-ils frappés en voyant mourir les royaumes mêmes; et où peut-on recevoir une plus belle leçon de la vanité des grandeurs humaines?

SUR L'HISTOIRE UNIVERSELLE. 135

Ainsi, quand vous voyez passer comme en un instant devant vos yeux, je ne dis pas les rois et les empereurs, mais ces grands empires qui ont fait trembler tout l'univers; quand vous voyez les Assyriens anciens et nouveaux, les Mèdes, les Perses, les Grecs, les Romains se présenter devant vous sucessivement, et tomber, pour ainsi dire, les uns sur les autres : ce fracas effroyable vous fait sentir qu'il n'y a rien de solide parmi les hommes, et que l'inconstance et l'agitation est le propre partage des choses humaines.

CHAPITRE II.

Les révolutions des empires ont des causes particulières que les princes doivent étudier.

Mais ce qui rendra ce spectacle plus utile et plus agréable, ce sera la réflexion que vous ferez, non-seulement sur l'élévation et sur la chute des empires, mais encore sur les causes de leur progrès et sur celles de leur décadence.

Car ce même Dieu qui a fait l'enchaînement de l'univers, et qui tout-puissant par lui-même, a voulu, pour établir l'ordre, que les parties d'un si grand tout dépendissent les unes des autres; ce même Dieu a voulu aussi que le cours des choses humaines eût sa suite et ses proportions : je veux dire que les hommes et les nations ont eu des qualités proportionnées à l'élévation à laquelle ils étoient destinés; et qu'à la réserve de certains coups extraordinaires, où Dieu vouloit que sa main parût toute seule, il n'est point arrivé de grand changement qui n'ait eu ses causes dans les siècles précédens.

Et comme dans toutes les affaires il y a ce qui les prépare, ce qui détermine à les entreprendre, et ce qui les fait réussir; la vraie science de l'histoire est de remarquer dans chaque temps ces secrètes dispositions qui ont préparé les grands changemens, et les conjonctures importantes qui les ont fait arriver.

En effet, il ne suffit pas de regarder seulement devant ses yeux, c'est-à-dire, de considérer ces grands événemens qui décident tout-à-coup de la fortune des empires. Qui veut entendre à fond les choses humaines, doit les reprendre de plus haut; et il lui faut observer les inclinations et les mœurs, ou, pour dire tout en un mot, le caractère, tant des peuples dominans en général que des princes en particulier, et enfin de tous les hommes extraordinaires, qui par l'importance du personnage qu'ils ont eu à faire dans le monde, ont contribué, en bien ou en mal, au changement des Etats et à la fortune publique.

J'ai tâché de vous préparer à ces importantes réflexions dans la première partie de ce Discours; vous y aurez pu observer le génie des peuples et celui des grands hommes qui les ont conduits. Les événemens qui ont porté coup dans la suite ont été montrés; et afin de vous tenir attentif à l'enchaînement des grandes affaires du monde, que je voulois principalement vous faire entendre, j'ai omis beaucoup de faits particuliers dont les suites n'ont pas été si considérables. Mais parce qu'en nous attachant à la suite, nous avons passé trop vite sur beaucoup de choses pour pouvoir faire les réflexions qu'elles méritoient, vous devez maintenant vous y attacher avec une attention plus particulière, et accoutumer votre esprit à rechercher les effets dans leurs causes les plus éloignées.

Par là vous apprendrez ce qu'il est si nécessaire que vous sachiez; qu'encore qu'à ne regarder que les rencontres particulières, la fortune semble seule décider de l'établissement et de la ruine des empires; à tout prendre il en arrive à peu près comme dans le jeu, où le plus habile l'emporte à la longue.

En effet, dans ce jeu sanglant où les peuples ont disputé de l'empire et de la puissance, qui a prévu de plus loin, qui s'est le plus appliqué, qui a duré le plus long-temps dans les grands travaux, et enfin qui a su le mieux ou pousser ou se ménager suivant la rencontre, à la fin a eu l'avantage, et a fait servir la fortune même à ses desseins.

Ainsi ne vous lassez point d'examiner les causes des grands changemens, puisque rien ne servira jamais tant à votre instruction; mais recherchez-les surtout dans la suite des grands empires, où la grandeur des événemens les rend plus palpables.

CHAPITRE III.

Les Scythes, les Ethiopiens et les Egyptiens.

Je ne compterai pas ici parmi les grands empires celui de Bacchus, ni celui d'Hercule, ces célèbres vainqueurs des Indes et de l'Orient. Leurs histoires n'ont rien de certain, leurs conquêtes n'ont rien de suivi : il les faut laisser célébrer aux poètes, qui en ont fait le plus grand sujet de leurs fables.

Je ne parlerai pas non plus de l'empire que le Madyes d'Hérodote (1), qui ressemble assez à l'Indathyrse de Megasthène (2), et au Tanaüs de Justin (3), établit pour un peu de temps dans la grande Asie. Les Scythes, que ce prince menoit à la guerre, ont plutôt fait des courses que des conquêtes. Ce ne fut que par rencontre, et en poussant les Cimmériens, qu'ils entrèrent dans la Médie, battirent les Mèdes, et leur enlevèrent

---

(1) *Herod. lib.* 1, c. 103. — (2) *Strab. init. lib.* xv. — (3) *Justin. lib.* 1, c. 1.

cette partie de l'Asie où ils avoient établi leur domination. Ces nouveaux conquérans n'y régnèrent que vingt-huit ans. Leur impiété, leur avarice, et leur brutalité la leur fit perdre; et Cyaxare, fils de Phraorte, sur lequel ils l'avoient conquise, les en chassa. Ce fut plutôt par adresse que par force. Réduit à un coin de son royaume que les vainqueurs avoient négligé, ou que peut-être ils n'avoient pu forcer, il attendit avec patience que ces conquérans brutaux eussent excité la haine publique, et qu'ils se défissent eux-mêmes par le désordre de leur gouvernement.

Nous trouvons encore dans Strabon (1), qui l'a tiré du même Megasthène, un Tearcon, roi d'Éthiopie : ce doit être le Tharaca de l'Écriture (2), dont les armes furent redoutées du temps de Sennachérib, roi d'Assyrie. Ce prince pénétra jusqu'aux Colonnes d'Hercule, apparemment le long de la côte d'Afrique, et passa jusqu'en Europe. Mais que dirois-je d'un homme dont nous ne voyons dans les historiens que quatre ou cinq mots, et dont la domination n'a aucune suite?

---

(1) *Lib.* xv, *init.* — (2) *IV. Reg.* xix, 9. *Is.* xxxvii. 9.

Les Ethiopiens, dont il étoit roi, étoient, selon Hérodote (1), les mieux faits de tous les hommes, et de la plus belle taille. Leur esprit étoit vif et ferme ; mais ils prenoient peu de soin de le cultiver, mettant leur confiance dans leurs corps robustes et dans leurs bras nerveux. Leurs rois étoient électifs, et ils mettoient sur le trône le plus grand et le plus fort. On peut juger de leur humeur par une action que nous raconte Hérodote. Lorsque Cambyse leur envoya, pour les surprendre, des ambassadeurs et des présens tels que les Perses les donnoient, de la pourpre, des bracelets d'or, et des compositions de parfums, ils se moquèrent de ses présens où ils ne voyoient rien d'utile à la vie, aussi-bien que de ses ambassadeurs qu'ils prirent pour ce qu'ils étoient, c'est-à-dire pour des espions. Mais leur roi voulut aussi faire un présent à sa mode au roi de Perse ; et, prenant en main un arc qu'un Perse eût à peine soutenu, loin de le pouvoir tirer, il le banda en présence des ambassadeurs, et leur dit : « Voici le conseil » que le roi d'Ethiopie donne au roi de » Perse. Quand les Perses se pourront

---

(1) *Herod. lib.* III, *cap.* 20.

» servir aussi aisément que je viens de
» faire d'un arc de cette grandeur et de
» cette force, qu'ils viennent attaquer les
» Éthiopiens, et qu'ils amènent plus de
» troupes que n'en a Cambyse. En atten-
» dant, qu'ils rendent grâces aux dieux,
» qui n'ont pas mis dans le cœur des
» Éthiopiens le désir de s'étendre hors
» de leur pays. » Cela dit, il débanda l'arc,
et le donna aux ambassadeurs. On ne peut
dire quel eût été l'événement de la guerre.
Cambyse, irrité de cette réponse, s'a-
vança vers l'Éthiopie comme un insensé,
sans ordre, sans convois, sans discipline;
et vit périr son armée, faute de vivres,
au milieu des sables, avant que d'approcher l'ennemi.

Ces peuples d'Éthiopie n'étoient pourtant pas si justes qu'ils s'en vantoient, ni
si renfermés dans leur pays. Leurs voisins
les Egyptiens avoient souvent éprouvé
leurs forces. Il n'y a rien de suivi dans les
conseils de ces nations sauvages et mal
cultivées : si la nature y commence souvent de beaux sentimens, elle ne les
achève jamais. Aussi n'y voyons-nous que
peu de choses à apprendre et à imiter.
N'en parlons pas davantage, et venons
aux peuples policés.

Les Egyptiens sont les premiers où l'on ait su les règles du gouvernement. Cette nation grave et sérieuse connut d'abord la vraie fin de la politique, qui est de rendre la vie commode et les peuples heureux. La température toujours uniforme du pays y faisoit les esprits solides et constans. Comme la vertu est le fondement de toute la société, ils l'ont soigneusement cultivée. Leur principale vertu a été la reconnoissance. La gloire qu'on leur a donnée, d'être les plus reconnoissans de tous les hommes, fait voir qu'ils étoient aussi les plus sociables (1). Les bienfaits sont le lieu de la concorde publique et particulière. Qui reconnoît les grâces, aime à en faire ; et en bannissant l'ingratitude, le plaisir de faire du bien demeure si pur, qu'il n'y a plus moyen de n'y être pas sensible. Leurs lois étoient simples, pleines d'équité, et propres à unir entre eux les citoyens. Celui qui, pouvant sauver un homme attaqué, ne le faisoit pas, étoit puni de mort aussi rigoureusement que l'assassin (2). Que si on ne pouvoit secou-

---

(1) *Diod. lib.* 1, *sect.* 2, *n.* 22 *et seq.* —
(2) *Ibid. n.* 27.

rir le malheureux, il falloit du moins dénoncer l'auteur de la violence; et il y avoit des peines établies contre ceux qui manquoient à ce devoir. Ainsi les citoyens étoient à la garde les uns des autres; et tout le corps de l'Etat étoit uni contre les méchans. Il n'étoit pas permis d'être inutile à l'Etat : la loi assignoit à chacun son emploi, qui se perpétuoit de père en fils (1). On ne pouvoit ni en avoir deux, ni changer de profession; mais aussi toutes les professions étoient honorées. Il falloit qu'il y eût des emplois et des personnes plus considérables, comme il faut qu'il y ait des yeux dans le corps. Leur éclat ne fait pas mépriser les pieds, ni les parties les plus basses. Ainsi, parmi les Egyptiens, les prêtres et les soldats avoient des marques d'honneur particulières : mais tous les métiers, jusqu'aux moindres, étoient en estime; et on ne croyoit pas pouvoir sans crime mépriser les citoyens dont les travaux, quels qu'ils fussent, contribuoient au bien public. Par ce moyen tous les arts venoient à leur perfection : l'honneur qui les nourrit s'y

---

(1) Diod. lib. 1. sect. 2, n. 25.

mêloit partout : on faisoit mieux ce qu'on avoit toujours vu faire, et à quoi on s'étoit uniquement exercé dès son enfance.

Mais il y avoit une occupation qui devoit être commune; c'étoit l'étude des lois et de la sagesse. L'ignorance de la religion et de la police du pays n'étoit excusée en aucun état. Au reste chaque profession avoit son canton qui lui étoit assigné. Il n'en arrivoit aucune incommodité dans un pays dont la largeur n'étoit pas grande; et dans un si bel ordre les fainéans ne savoient où se cacher.

Parmi de si bonnes lois, ce qu'il y avoit de meilleur, c'est que tout le monde étoit nourri dans l'esprit de les observer. Une coutume nouvelle étoit un prodige en Egypte (1) : tout s'y faisoit toujours de même; et l'exactitude qu'on y avoit à garder les petites choses maintenoit les grandes. Aussi n'y eut-il jamais de peuple qui ait conservé plus long-temps ses usages et ses lois. L'ordre des jugemens servoit à entretenir cet esprit. Trente juges étoient tirés des principales villes pour composer la

---

(1) *Herod. lib.* II, c. 91. *Diod. lib.* I, sect. 2, n. 22. *Plat. de Leg. lib.* II.

compagnie qui jugeoit tout le royaume (1). On étoit accoutumé à ne voir dans ces places que les plus honnêtes gens du pays et les plus graves. Le prince leur assignoit certains revenus, afin qu'affranchis des embarras domestiques, ils pussent donner tout leur temps à faire observer les lois. Ils ne tiroient rien des procès, et on ne s'étoit pas encore avisé de faire un métier de la justice. Pour éviter les surprises, les affaires étoient traitées par écrit dans cette assemblée. On y craignoit la fausse éloquence, qui éblouit les esprits et émeut les passions. La vérité ne pouvoit être expliquée d'une manière trop sèche. Le président du sénat portoit un collier d'or et de pierres précieuses, d'où pendoit une figure sans yeux, qu'on appeloit la Vérité. Quand il la prenoit, c'étoit le signal pour commencer la séance (2). Il l'appliquoit au parti qui devoit gagner sa cause, et c'étoit la forme de prononcer les sentences. Un des plus beaux artifices des Egyptiens pour conserver leurs anciennes maximes, étoit de les revêtir de certaines cérémonies qui les imprimoient dans les

---

(1) *Diod. lib.* 1, sect. 2, n. 26. — (2) *Ibid.*

esprits. Ces cérémonies s'observoient avec réflexion ; et l'humeur sérieuse des Égyptiens ne permettoit pas qu'elles tournassent en simples formules. Ceux qui n'avoient point d'affaires, et dont la vie étoit innocente, pouvoient éviter l'examen de ce sévère tribunal. Mais il y avoit en Égypte une espèce de jugement tout-à-fait extraordinaire, dont personne n'échappoit. C'est une consolation en mourant de laisser son nom en estime parmi les hommes, et de tous les biens humains c'est le seul que la mort ne nous peut ravir. Mais il n'étoit pas permis en Égypte de louer indifféremment tous les morts : il falloit avoir cet honneur par un jugement public (1). Aussitôt qu'un homme étoit mort, on l'amenoit en jugement. L'accusateur public étoit écouté. S'il prouvoit que la conduite du mort eût été mauvaise, on en condamnoit la mémoire, et il étoit privé de la sépulture. Le peuple admiroit le pouvoir des lois, qui s'étendoit jusqu'après la mort, et chacun touché de l'exemple craignoit de déshonorer sa mémoire et sa famille. Que si le mort n'étoit con-

---

(1) *Diod. lib.* 1, *sect.* 2, *n.* 26.

vaincu d'aucune faute, on l'ensevelissoit honorablement : on faisoit son panégyrique, mais sans y rien mêler de sa naissance. Toute l'Egypte étoit noble, et d'ailleurs on n'y goûtoit de louanges que celles qu'on s'attiroit par son mérite.

Chacun sait combien curieusement les Egyptiens conservoient les corps morts. Leurs momies se voient encore. Ainsi leur reconnoissance envers leurs parens étoit immortelle : les enfans, en voyant les corps de leurs ancêtres, se souvenoient de leurs vertus que le public avoit reconnues, et s'excitoient à aimer les lois qu'ils leur avoient laissées.

Pour empêcher les emprunts, d'où naissent la fainéantise, les fraudes et la chicane, l'ordonnance du roi Asychis ne permettoit d'emprunter qu'à condition d'engager le corps de son père à celui dont on empruntoit (1). C'étoit une impiété et une infamie tout ensemble de ne pas retirer assez promptement un gage si précieux ; et celui qui mouroit sans

---

(1) *Herod. lib.* II. c. 136. *Diod. lib.* I, sect. 2, n. 34.

s'être acquitté de ce devoir étoit privé de la sépulture.

Le royaume étoit héréditaire; mais les rois étoient obligés plus que tous les autres à vivre selon les lois. Ils en avoient de particulières qu'un roi avoit digérées, et qui faisoient une partie des livres sacrés (1). Ce n'est pas qu'on disputât rien aux rois, ou que personne eût droit de les contraindre; au contraire, on les respectoit comme des dieux : mais c'est qu'une coutume ancienne avoit tout réglé, et qu'ils ne s'avisoient pas de vivre autrement que leurs ancêtres. Ainsi ils souffroient sans peine non-seulement que la qualité des viandes et la mesure du boire et du manger leur fût marquée (car c'étoit une chose ordinaire en Égypte, où tout le monde étoit sobre, et où l'air du pays inspiroit la frugalité (2); mais encore que toutes leurs heures fussent destinées (3). En s'éveillant au point du jour, lorsque l'esprit est le plus net et les pensées les plus pures, ils lisoient leurs lettres, pour prendre une idée plus

---

(1) *Diod. ibid. n.* 22. — (2) *Herod. lib.* 11. — (3) *Diod. lib.* 1, *sect.* 2, *n.* 22.

droite et plus véritable des affaires qu'ils avoient à décider. Sitôt qu'ils étoient habillés, ils alloient sacrifier au temple. Là, environnés de toute leur cour, et les victimes étant à l'autel, ils assistoient à une prière pleine d'instruction, où le pontife prioit les dieux de donner au prince toutes les vertus royales, en sorte qu'il fût religieux envers les dieux, doux envers les hommes, modéré, juste, magnanime, sincère, et éloigné du mensonge, libéral, maître de lui-même, punissant au-dessous du mérite, et récompensant au-dessus. Le pontife parloit ensuite des fautes que les rois pouvoient commettre : mais il supposoit toujours qu'ils n'y tomboient que par surprise ou par ignorance, chargeant d'imprécations les ministres qui leur donnoient de mauvais conseils, et leur déguisoient la vérité. Telle étoit la manière d'instruire les rois. On croyoit que les reproches ne faisoient qu'aigrir leurs esprits ; et que le moyen le plus efficace de leur inspirer la vertu étoit de leur marquer leur devoir dans des louanges conformes aux lois, et prononcées gravement devant les dieux. Après la prière et le sacrifice, on lisoit au roi dans les saints livres, les conseils et les actions des grands hommes, afin qu'il gouvernât son état par leurs maximes, et maintînt les lois qui avoient rendu ses prédécesseurs heureux aussi bien que leurs sujets.

Ce qui montre que ces remontrances se faisoient et s'écoutoient sérieusement, c'est qu'elles avoient leur effet. Parmi les Thébains, c'est-à-dire dans la dynastie principale, celle où les lois étoient en vigueur, et qui devint à la fin la maîtresse de toutes les autres, les plus grands hommes ont été les rois. Les deux Mercures, auteurs des sciences et de toutes les institutions des Egyptiens, l'un voisin des temps du déluge, et l'autre qu'ils ont appelé le Trismégiste ou le trois fois grand, contemporain de Moïse, ont été tous deux rois de Thèbes. Toute l'Egypte a profité de leurs lumières, et Thèbes doit à leurs instructions d'avoir eu peu de mauvais princes. Ceux-ci étoient épargnés pendant leur vie, le repos public le vouloit ainsi : mais ils n'étoient pas exempts du jugement qu'il falloit subir après la mort (1). Quelques-uns ont été privés de la sépulture, mais on en voit

---

(1) *Diod. lib.* 1, *seq.* 2, *n.* 23.

peu d'exemples; et au contraire, la plupart des rois ont été si chéris des peuples, que chacun pleuroit leur mort autant que celle de son père ou de ses enfans.

Cette coutume de juger les rois après leur mort parut si sainte au peuple de Dieu, qu'il l'a toujours pratiquée. Nous voyons dans l'Ecriture que les méchans rois étoient privés de la sépulture de leurs ancêtres; et nous apprenons de Josèphe (1) que cette coutume duroit encore du temps des Asmonéens. Elle faisoit entendre aux rois que, si leur majesté les met au-dessus des jugemens humains pendant leur vie, ils y reviennent enfin quand la mort les a égalés aux autres hommes.

Les Egyptiens avoient l'esprit inventif, mais ils le tournoient aux choses utiles. Leurs Mercures ont rempli l'Egypte d'inventions merveilleuses, et ne lui avoient presque rien laissé ignorer de ce qui pouvoit rendre la vie commode et tranquille. Je ne puis laisser aux Egyptiens la gloire qu'ils ont donnée à leur Osiris, d'avoir inventé le labourage (2); car on le trouve

---

(1) Ant. *lib.* XIII, c. 23. al. 15. — (2) *Diod. lib.* 1, sect. 1, n. 8, *Plut.* de Isid. et Osir.

de tout temps dans les pays voisins de la terre d'où le genre humain s'est répandu, et on ne peut douter qu'il ne fût connu dès l'origine du monde. Aussi les Egyptiens donnent-ils eux-mêmes une si grande antiquité à Osiris, qu'on voit bien qu'ils ont confondu son temps avec celui des commencemens de l'univers, et qu'ils ont voulu lui attribuer les choses dont l'origine passoit de bien loin tous les temps connus dans leur histoire. Mais si les Egytiens n'ont pas inventé l'agriculture, ni les autres arts que nous voyons devant le déluge, ils les ont tellement perfectionnés, et ont pris un si grand soin de les rétablir parmi les peuples où la barbarie les avoit fait oublier, que leur gloire n'est guère moins grande que s'ils en avoient été les inventeurs.

Il y en a même de très-importans dont on ne peut leur disputer l'invention. Comme leur pays étoit uni, et leur ciel toujours pur et sans nuage, ils ont été les premiers à observer le cours des astres (1). Ils ont aussi les premiers réglé

---

(1) *Plat.* Epin. *Diod. lib.* 1, sect. 2, n. 8. *Herod. lib.* II, c. 4.

l'année. Ces observations les ont jeté naturellement dans l'arithmétique; et, s'il est vrai, ce que dit Platon (1), que le soleil et la lune aient enseigné aux hommes la science des nombres, c'est-à-dire, qu'on ait commencé les comptes réglés par celui des jours, des mois et des ans, les Egyptiens sont les premiers qui aient écouté ces merveilleux maîtres. Les planètes et les autres astres ne leur ont pas été moins connus; et ils ont trouvé cette grande année qui ramène tout le ciel à son premier point. Pour reconnoître leurs terres tous les ans couvertes par les débordemens du Nil, ils ont été obligés de recourir à l'arpentage, qui leur a bientôt appris la géométrie (2). Ils étoient grands observateurs de la nature, qui dans un air si serein et sous un soleil si ardent, étoit forte et féconde parmi eux (3). C'est aussi ce qui leur a fait inventer ou perfectionner la médecine. Ainsi toutes les sciences ont été en grand honneur parmi eux. Les inventeurs des choses utiles

---

(1) *Plat. in* Tim. — (2) *Diod. lib.* 1, *sect.* 2. *n.* 29. — (3) *Diod. ibid. et* 30 *Herod. lib.* 11, *cap.* 4.

recevoient, et de leur vivant et après leur mort, de dignes récompenses de leurs travaux. C'est ce qui a consacré les livres de leurs deux Mercures, et les a fait regarder comme des livres divins. Le premier de tous les peuples où on voie des bibliothèques est celui d'Egypte. Le titre qu'on leur donnoit inspiroit l'envie d'y entrer, et d'en pénétrer les secrets : on les appeloit, *le trésor des remèdes de l'âme* (1). Elle s'y guérissoit de l'ignorance, la plus dangereuse de ses maladies et la source de toutes les autres.

Une des choses qu'on imprimoit le plus fortement dans l'esprit des Egytiens, étoit l'estime et l'amour de leur patrie. Elle étoit, disoient-ils, le séjour des dieux : ils y avoient régné durant des milliers infinis d'années. Elle étoit la mère des hommes et des animaux, que la terre d'Egypte, arrosée du Nil, avoit enfantés pendant que le reste de la nature étoit stérile (2). Les prêtres, qui composoient l'histoire d'Egypte de cette suite immense de siècles, qu'ils ne remplissoient que

---

(1) *Diod. lib.* 1, sect. 2, n. 5. — (2) *Plat. in. Tim. Diod. lib.* 1, sect. 1, n. 5.

de fables et des généalogies de leurs dieux, le faisoient pour imprimer dans l'esprit des peuples l'antiquité et la noblesse de leur pays. Au reste, leur vraie histoire étoit renfermée dans des bornes raisonnables; mais ils trouvoient beau de se perdre dans un abîme infini de temps qui sembloit les approcher de l'éternité.

Cependant l'amour de la patrie avoit des fondemens plus solides. L'Egypte étoit en effet le plus beau pays de l'univers, le plus abondant par la nature, le mieux cultivé par l'art, le plus riche, le plus commode, et le plus orné par les soins et la magnificence de ses rois.

Il n'y avoit rien que de grand dans leurs desseins et dans leurs travaux. Ce qu'ils ont fait du Nil est incroyable. Il pleut rarement en Egypte : mais ce fleuve, qui l'arrose toute par ses débordemens réglés, lui apporte les pluies et les neiges des autres pays. Pour multiplier un fleuve si bienfaisant, l'Egypte étoit traversée d'une infinité de canaux d'une longueur et d'une largeur incroyable (1). Le Nil

---

(1) *Herod. lib.* II, *c.* 108. *Diod. lib.* 1, *sect.* 2, *n.* 10, 14.

portoit partout la fécondité avec ses eaux salutaires, unissoit les villes entre elles, et la Grande-Mer avec la mer Rouge, entretenoit le commerce au dedans et au dehors du royaume, et le fortifioit contre l'ennemi : de sorte qu'il étoit tout ensemble et le nourricier et le défenseur de l'Egypte. On lui abandonnoit la campagne : mais les villes, rehaussées avec des travaux immenses, et s'élevant comme des îles au milieu des eaux, regardoient avec joie de cette hauteur toute la plaine inondée et tout ensemble fertilisée par le Nil. Lorsqu'il s'enfloit outre mesure, de grands lacs, creusés par les rois, tendoient leur sein aux eaux répandues. Ils avoient leurs décharges préparées : de grandes écluses les ouvroient ou les fermoient selon le besoin ; et les eaux ayant leur retraite ne séjournoient sur les terres qu'autant qu'il falloit pour les engraisser.

Tel étoit l'usage de ce grand lac, qu'on appeloit le lac de Myris ou de Mœris : c'étoit le nom du roi qui l'avoit fait faire (1). On est étonné quand on lit,

―――――――――――

(1) *Herod. lib.* II, c. 101, 149. *Diod. lib.* I, *sect.* 2, *n.* 8.

ce qui néanmoins est certain, qu'il avoit de tour environ cent quatre-vingts de nos lieues. Pour ne pas perdre trop de bonnes terres en le creusant, on l'avoit étendu principalement du côté de la Lybie. La pêche en valoit au prince des sommes immenses; et ainsi, quand la terre ne produisoit rien, on en tiroit des trésors en la couvrant d'eaux. Deux pyramides, dont chacune portoit sur un trône deux statues colossales, l'une de Myris et l'autre de sa femme, s'élevoient de trois cents pieds au milieu du lac, et occupoient sous les eaux un pareil espace. Ainsi elles faisoient voir qu'on les avoit érigées avant que le creux eût été rempli, et montroient qu'un lac de cette étendue avoit été fait de main d'homme sous un seul prince.

Ceux qui ne savent jusques à quel point on peut ménager la terre prennent pour fable ce qu'on raconte du nombre des villes d'Egypte (1). La richesse n'en étoit pas moins incroyable. Il n'y en avoit point qui ne fût remplie de temples magnifiques et de superbes palais (2). L'ar-

---

(1) *Herod. lib.* II. *c.* 177. *Diod. lib.* I, sect. 2, n. 6. et seq. — (2) *Herod. ibid. c.* 148, 153, *etc.*

chitecture y montroit partout cette noble simplicité, et cette grandeur qui remplit l'esprit. De longues galeries y étaloient des sculptures que la Grèce prenoit pour modèles. Thèbes le pouvoit disputer aux plus belles villes de l'univers (1). Ses cent portes chantées par Homère sont connues de tout le monde. Elle n'étoit pas moins peuplée qu'elle étoit vaste; et on a dit qu'elle pouvoit faire sortir ensemble dix mille combattans par chacune de ses portes (2). Qu'il y ait, si l'on veut, de l'exagération dans ce nombre, toujours est-il assuré que son peuple étoit innombrable. Les Grecs et les Romains ont célébré sa magnificence et sa grandeur (3), encore qu'ils n'en eussent vu que les ruines : tant les restes en étoient augustes!

Si nos voyageurs avoient pénétré jusqu'au lieu où cette ville étoit bâtie, ils auroient sans doute encore trouvé quelque chose d'incomparable dans ses ruines : car les ouvrages des Egyptiens étoient faits pour tenir contre le temps. Leurs

---

(1) *Diod. ibid. n.* 4. — (2) *Pomp. Mela, lib.* 1, *cap.* 9. — (3) *Strab. lib.* xvii. *Tacit. Annal. lib.* 11, *c.* 60.

statues étoient des colosses. Leurs colonnes étoient immenses (1). L'Egypte visoit au grand, et vouloit frapper les yeux de loin, mais toujours en les contentant par la justesse des proportions. On a découvert dans le Saïde (vous savez bien que c'est le nom de la Thébaïde) des temples et des palais presque encore entiers, où ces colonnes et ces statues sont innombrables (2). On y admire surtout un palais dont les restes semblent n'avoir subsisté que pour effacer la gloire de tous les plus grands ouvrages. Quatre allées à perte de vue, et bornées de part et d'autre par des sphinx d'une matière aussi rare que leur grandeur est remarquable, servent d'avenues à quatre portiques dont la hauteur étonne les yeux. Quelle magnificence et quelle étendue ! Encore ceux qui nous ont décrit ce prodigieux édifice n'ont-ils pas eu le temps d'en faire le tour, et ne se sont pas même assurés d'en avoir vu la moitié ; mais tout ce qu'ils y ont vu étoit surprenant. Une salle, qui apparemment faisoit le milieu de ce superbe pa-

---

(1) *Herod. et Diod. loc. cit.* — (2) Voyages du Levant, *par M. Thevenot, liv.* II, *chap.* 5.

lais, étoit soutenue de six-vingts colonnes de six brassées de grosseur, grandes à proportion, et entremêlées d'obélisques que tant de siècles n'ont pu abattre. Les couleurs même, c'est-à-dire ce qui éprouve le plus tôt le pouvoir du temps, se soutiennent encore parmi les ruines de cet admirable édifice, et y conservent leur vivacité: tant l'Egypte savoit imprimer le caractère d'immortalité à tous ses ouvrages! Maintenant que le nom du roi pénêtre aux parties du monde les plus inconnues, et que ce prince étend aussi loin les recherches qu'il fait faire des plus beaux ouvrages de la nature et de l'art, ne seroit-ce pas un digne objet de cette noble curiosité, de découvrir les beautés que la Thébaïde renferme dans ses déserts et d'enrichir notre architecture des inventions de l'Egypte? Quelle puissance et quel art a pu faire d'un tel pays la merveille de l'univers? Et quelles beautés ne trouveroit-on pas si on pouvoit aborder la ville royale, puisque si loin d'elle on découvre des choses si merveilleuses?

Il n'appartenoit qu'à l'Egypte de dresser des monumens pour la postérité. Ses obélisques font encore aujourd'hui, autant par leur beauté que par leur hauteur, le principal ornement de Rome ; et la puissance romaine, désespérant d'égaler les Egyptiens, a cru faire assez pour sa grandeur d'emprunter les monumens de leurs rois.

L'Egypte n'avoit point encore vu de grands édifices, que la tour de Babel, quand elle imagina ses pyramides, qui par leur figure autant que par leur grandeur triomphent du temps et des Barbares. Le bon goût des Egyptiens leur fit aimer dès-lors la solidité et la régularité toute nue. N'est-ce point que la nature porte d'elle-même à cet air simple, auquel on a tant de peine à revenir, quand le goût a été gâté par des nouveautés et des hardiesses bizarres ? Quoi qu'il en soit, les Egyptiens n'ont aimé qu'une hardiesse réglée : ils n'ont cherché le nouveau et le surprenant, que dans la variété infinie de la nature, et ils se vantoient d'être les seuls qui avoient fait, comme les dieux, des ouvrages immortels. Les inscriptions des pyramides n'étoient pas moins nobles que l'ouvrage. Elles parloient aux spectateurs (1). Une de ces pyramides, bâtie de

---

(1) *Herod. lib.* II, c. 136.

brique, avertissoit par son titre qu'on se gardât bien de la comparer aux autres, et « qu'elle étoit autant au-dessus de tou- »tes les pyramides que Jupiter étoit au- »dessus de tous les dieux. »

Mais quelque effort que fassent les hommes, leur néant paroît partout. Ces pyramides étoient des tombeaux (1); encore les rois qui les ont bâties n'ont-ils pas eu le pouvoir d'y être inhumés, et ils n'ont pas joui de leur sépulcre.

Je ne parlerois pas de ce beau palais qu'on appeloit le Labyrinthe (2), si Hérodote, qui l'a vu, ne nous assuroit qu'il étoit plus surprenant que les pyramides. On l'avoit bâti sur le bord du lac de Myris, et on lui avoit donné une vue proportionnée à sa grandeur. Au reste, ce n'étoit pas tant un seul palais qu'un magnifique amas de douze palais disposés régulièrement, et qui communiquoient ensemble. Quinze cents chambres mêlées de terrasses s'arrangeoient autour de douze

---

(1) *Herod. ibid. Diod. lib.* 1. sect. 2, n. 15, 16, 17. — (2) *Herod. lib.* 11, c, 148, *Diod. ibid.* n. 13.

salles, et ne laissoient point de sortie à ceux qui s'engageoient à les visiter. Il y avoient autant de bâtimens par-dessous terre. Ces bâtimens souterrains étoient destinés à la sépulture des rois; et encore (qui le pourroit dire sans honte et sans déplorer l'aveuglement de l'esprit humain ?) à nourrir les crocodiles sacrés, dont une nation d'ailleurs si sage faisoit ses dieux.

Vous vous étonnez de voir tant de magnificence dans les sépulcres de l'Egypte. C'est qu'outre qu'on les érigeoit comme des monumens sacrés pour porter aux siècles futurs la mémoire des grands princes, on les regardoit encore comme des demeures éternelles (1). Les maisons étoient appelées des hôtelleries, où l'on n'étoit qu'en passant, et pendant une vie trop courte pour terminer tous nos desseins : mais les maisons véritables étoient les tombeaux, que nous devions habiter durant des siècles infinis.

Au reste, ce n'étoit pas sur les choses inanimées que l'Egypte travailloit le plus.

---

(1) *Diod. ibid.*

Ses plus nobles travaux et son plus bel art consistoit à former les hommes. La Grèce en étoit si persuadée, que ses plus grands hommes, un Homère, un Pythagore, un Platon, Lycurgue même et Solon, ces deux grands législateurs, et les autres qu'il n'est pas besoin de nommer, allèrent apprendre la sagesse en Egypte (1). Dieu a voulu que Moïse même *fût instruit dans toute la sagesse des Egyptiens :* c'est par là qu'il a commencé *à être puissant en paroles et en œuvres* (2). La vraie sagesse se sert de tout; et Dieu ne veut pas que ceux qu'il inspire négligent les moyens humains qui viennent aussi de lui à leur manière.

Ces sages d'Egypte avoient étudié le régime qui fait les esprits solides, les corps robustes, les femmes fécondes, et les enfans vigoureux. Par ce moyen, le peuple croissoit en nombre et en forces. Le pays étoit sain naturellement; mais la philosophie leur avoit appris que la nature veut être aidée. Il y a un art de former les corps aussi bien que les esprits. Cet art, que notre nonchalance nous a fait perdre,

---

(1) *Diod. ibid.* n. 36. *Plut.* de Isid. c. 5. —
(2) *Act.* VII. 22.

étoit bien connu des anciens, et l'Egypte l'avoit trouvé. Elle employoit principalement à ce beau dessein la frugalité et les exercices (1). Dans un grand champ de bataille, qui a été vu par Hérodote (2), les crânes des Perses aisés à percer, et ceux des Egyptiens plus durs que les pierres auxquelles ils étoient mêlés, montroient la mollesse des uns, et la robuste constitution qu'une nourriture frugale et de vigoureux exercices donnoient aux autres. La course à pied, la course à cheval, la course dans les chariots se pratiquoit en Egypte avec une adresse admirable, et il n'y avoit point dans tout l'univers de meilleurs hommes de cheval que les Egyptiens. Quand Diodore nous dit qu'ils rejetoient la lutte (3) comme un exercice qui donnoit une force dangereuse et peu durable, il a dû l'entendre de la lutte outrée des athlètes, que la Grèce elle-même, qui la couronnoit dans ses jeux, avoit blâmée comme peu convenable aux personnes libres : mais avec une certaine modération, elle étoit digne

---

(1) *Diod. lib.* 1. sect. 2, n. 29. — (2) *Herod. lib.* III, c. 12. — (3) *Diod. lib.* 1, sect. 2, n. 29.

des honnêtes gens; et Diodore lui-même nous apprend (1) que le Mercure des Egyptiens en avoit inventé les règles aussi bien que l'art de former les corps. Il faut entendre de même ce que dit encore cet auteur touchant la musique (2). Celle qu'il fait mépriser aux Egyptiens, comme capable de ramollir les courages, étoit sans doute cette musique molle et efféminée qui n'inspire que les plaisirs et une fausse tendresse. Car pour cette musique généreuse, dont les nobles accords élèvent l'esprit et le cœur, les Egyptiens n'avoient garde de la mépriser, puisque, selon Diodore même (3), leur Mercure l'avoit inventée, et avoit aussi inventé le plus grave des instrumens de musique. Dans la procession solennelle des Egyptiens, où l'on portoit en cérémonie les livres de Trismégiste, on voit marcher à la tête le chantre tenant en main *un symbole de la musique* (je ne sais pas ce que c'est) *et le livre des hymnes sacrés* (4). Enfin l'Egypte n'oublioit rien pour polir

---

(1) *Id. lib.* 1, *sect.* 1, *n.* 8. — (2) *Id. lib.* 1, *sect.* 2, *n.* 29. — (3) *Id. lib.* 1, *sect.* 1, *n.* 8. — (4) *Clem. Alex.* Strom. *lib.* VI; *p.* 633.

l'esprit, ennoblir le cœur, et fortifier le corps. Quatre cent mille soldats qu'elle entretenoit étoient ceux de ses citoyens qu'elle exerçoit avec plus de soin. Les lois de la milice se conservoient aisément, et comme par elles-mêmes, parce que les pères les apprenoient à leurs enfans : car la profession de la guerre passoit de père en fils comme les autres; et après les familles sacerdotales, celles qu'on estimoit les plus illustres étoient, comme parmi nous, les familles destinées aux armes. Je ne veux pas dire pourtant que l'Egypte ait été guerrière. On a beau avoir des troupes réglées et entretenues, on a beau les exercer à l'ombre dans les travaux militaires et parmi les images des combats, il n'y a jamais que la guerre et les combats effectifs qui fassent les hommes guerriers. L'Egypte aimoit la paix, parce qu'elle aimoit la justice, et n'avoit des soldats que pour sa défense. Contente de son pays, où tout abondoit, elle ne songeoit point aux conquêtes. Elle s'étendoit d'une autre sorte, en envoyant ses colonies par toute la terre, et avec elles la politesse et les lois. Les villes les plus célèbres venoient apprendre en Egypte leurs antiquités, et la source de leurs plus belles institutions (1). On la consultoit de tous côtés sur les règles de la sagesse. Quand ceux d'Elide eurent établi les jeux Olympiques, les plus illustres de la Grèce, ils recherchèrent par une ambassade solennelle l'approbation des Egyptiens, et apprirent d'eux de nouveaux moyens d'encourager les combattans (2). L'Egypte régnoit par ses conseils; et cet empire d'esprit lui parut plus noble et plus glorieux que celui qu'on établit par les armes. Encore que les rois de Thèbes fussent sans comparaison les plus puissans de tous les rois de l'Egypte, jamais ils n'ont entrepris sur les dynasties voisines, qu'ils ont occupées seulement quand elles eurent été envahies par les Arabes; de sorte qu'à vrai dire ils les ont plutôt enlevées aux étrangers, qu'ils n'ont voulu dominer sur les naturels du pays. Mais, quand ils se sont mêlés d'être conquérans, ils ont surpassé tous les autres. Je ne parle point d'Osiris, vainqueur des Indes; apparemment c'est Bacchus, ou quelque autre héros aussi fabuleux. Le père de Sésostris (les doctes veulent que ce soit Ameno-

---

(1) *Plat. in* Tim. — (2) *Herod. lib.* II, c. 160.

phis, autrement Memnon), ont par instinct, ou par humeur, ou, comme le disent les Egyptiens, par l'autorité d'un oracle, conçu le dessein de faire de son fils un conquérant (1). Il s'y prit à la manière des Egyptiens, c'est-à-dire avec de grandes pensées. Tous les enfans qui naquirent le même jour que Sésostris furent amenés à la cour par ordre du roi. Il les fit élever comme ses enfans, et avec les mêmes soins que Sésostris, près duquel ils étoient nourris. Il ne pouvoit lui donner de plus fidèles ministres, ni des compagnons plus zélés de ses combats. Quand il fut un peu avancé en âge, il lui fit faire son apprentissage par une guerre contre les Arabes. Ce jeune prince y apprit à supporter la faim et la soif, et soumit cette nation jusqu'alors indomptable. Accoutumé aux travaux guerriers par cette conquête, son père le fit tourner vers l'occident de l'Egypte : il attaqua la Libye, et la plus grande partie de cette vaste région fut subjuguée. En ce temps son père mourut et le laissa en état de tout entreprendre. Il ne conçut pas un moindre dessein que

---

(1) *Diod. lib.* 1, *sect.* 2, *n.* 9.

celui de la conquête du monde : mais, avant que de sortir de son royaume, il pourvut à la sûreté du dedans, en gagnant le cœur de tous ses peuples par la libéralité et par la justice, et réglant au reste le gouvernement avec une extrême prudence (1). Cependant il faisoit ses préparatifs : il levoit des troupes, et leur donnoit pour capitaines les jeunes gens que son père avoit fait nourrir avec lui. Il y en avoit dix-sept cents, capables de répandre dans toute l'armée le courage, la discipline, et l'amour du prince. Cela fait, il entra dans l'Ethiopie, qu'il se rendit tributaire. Il continua ses victoires dans l'Asie. Jérusalem fut la première à sentir la force de ses armes. Le téméraire Roboam ne put lui résister; et Sésostris enleva les richesses de Salomon. Dieu, par un juste jugement, les avoit livrées entre ses mains. Il pénétra dans les Indes plus loin qu'Hercule et que Bacchus, et plus loin que ne fit depuis Alexandre, puisqu'il soumit le pays au-delà du Gange. Jugez par là si les pays plus voisins lui résistèrent. Les Scythes obéirent jusqu'au Tanaïs : l'Arménie et la Cappadoce lui furent sujettes. Il laissa une

---

(1) *Diod. ibid.*

colonie dans l'ancien royaume de Colchos, où les mœurs d'Egypte sont toujours demeurées depuis. Hérodote a vu dans l'Asie-Mineure, d'une mer à l'autre, les monumens de ses victoires, avec les superbes inscriptions de Sésostris roi des rois et seigneur des seigneurs. Il y en avoit jusque dans la Thrace, et il étendit son empire depuis le Gange jusqu'au Danube. La difficulté des vivres l'empêcha d'entrer plus avant dans l'Europe. Il revint après neuf ans, chargé des dépouilles de tous les peuples vaincus. Il y en eut qui défendirent courageusement leur liberté; d'autres cédèrent sans résistance. Sésostris eut soin de marquer dans ses monumens la différence de ces peuples en figures hiéroglyphiques, à la manière des Egyptiens. Pour décrire son empire, il inventa les cartes de géographie. Cent temples fameux, érigés en action de grâces aux dieux tutélaires de toutes les villes, furent les premières aussi bien que les plus belles marques de ses victoires; et il eut soin de publier, par les inscriptions, que ces grands ouvrages avoient été achevés sans fatiguer ses sujets (1). Il mettoit sa gloire à

___

(1) *Herod. lib.* II, *cap.* 102 *et seq. Diod. lib.* I, *sect.* 2, *n.* 10.

les ménager, et à ne faire travailler aux monumens de ses victoires que les captifs. Salomon lui en avoit donné l'exemple. Ce sage prince n'avoit employé que les peuples tributaires dans les grands ouvrages qui ont rendu son règne immortel (1). Les citoyens étoient attachés à de plus nobles exercices : ils apprenoient à faire la guerre, et à commander. Sésostris ne pouvoit pas se régler sur un plus parfait modèle. Il régna trente-trois ans, et jouit long-temps de ses triomphes, beaucoup plus digne de gloire, si la vanité ne lui eût pas fait traîner son char par les rois vaincus (2). Il semble qu'il ait dédaigné de mourir comme les autres hommes. Devenu aveugle dans sa vieillesse, il se donna la mort à lui-même, et laissa l'Egypte riche à jamais. Son empire pourtant ne passa pas la quatrième génération. Mais il restoit encore du temps de Tibère des monumens magnifiques, qui en marquoient l'étendue et la quantité des tributs (3). L'Egypte retourna bientôt à son humeur pacifique. On a même écrit que Sésostris fut le pre-

___

(1) *Ir. Par.* xiii. 9. — (2) *Diod. lib.* 1, sect. 2, n. 10. — (3) *Tac. Annal. lib.* 11, cap. 60.

mier à ramollir, après ses conquêtes, les mœurs de ses Egyptiens, dans la crainte des révoltes (1). S'il le faut croire, ce ne pouvoit être qu'une précaution qu'il prenoit pour ses successeurs. Car pour lui, sage et absolu comme il étoit, on ne voit pas ce qu'il pouvoit craindre de ses peuples qui l'adoroient. Au reste, cette pensée est peu digne d'un si grand prince; et c'étoit mal pourvoir à la sûreté de ses conquêtes que de laisser affoiblir le courage de ses sujets. Il est vrai aussi que ce grand empire ne dura guère. Il faut périr par quelque endroit. La division se mit en Egypte. Sous Anysis l'aveugle, l'Ethiopien Sabacon envahit le royaume (2): il en traita aussi bien les peuples, et y fit d'aussi grandes choses qu'aucun des rois naturels. Jamais on ne vit une modération pareille à la sienne, puisque, après cinquante ans d'un règne heureux, il retourna en Ethiopie, pour obéir à des avertissemens qu'il crut divins. Le royaume abandonné tomba entre les mains de Se-

---

(1) *Nymphodor. lib.* xiii. *Rer. Barbar. in Excerpt. post. Herodot.* — (2) *Herod. lib.* ii, cap. 137. *Diod. lib.* i, sect. 2, n. 18.

thon, prêtre de Vulcain, prince religieux à sa mode, mais peu guerrier, et qui acheva d'énerver la milice en maltraitant les gens de guerre. Depuis ce temps l'Egypte ne se soutint plus que par des milices étrangères. On trouve une espèce d'anarchie. On trouve douze rois choisis par le peuple, qui partagèrent entre eux le gouvernement du royaume. C'est eux qui ont bâti ces douze palais qui composoient le Labyrinthe. Quoique l'Egypte ne pût oublier ses magnificences, elle fut foible et divisée sous ces douze princes. Un d'eux (ce fut Psammitique) se rendit le maître par le secours des étrangers. L'Egypte se rétablit, et demeura assez puissante pendant cinq ou six règnes. Enfin cet ancien royaume, après avoir duré environ seize cents ans, affoibli par les rois de Babylone et par Cyrus, devint la proie de Cambyse, le plus insensé de tous les princes.

Ceux qui ont bien connu l'humeur de l'Egypte ont reconnu qu'elle n'étoit pas belliqueuse (1) : vous en avez vu les rai-

---

(1) *Strab. ib.* XVII.

sons. Elle avoit vécu en paix environ treize cents ans, quand elle produisit son premier guerrier, qui fut Sésostris. Aussi, malgré sa milice si soigneusement entretenue, nous voyons sur la fin que les troupes étrangères font toute sa force, qui est un des plus grands défauts que puisse avoir un état. Mais les choses humaines ne sont point parfaites, et il est malaisé d'avoir ensemble dans la perfection les arts de la paix avec les avantages de la guerre. C'est une assez belle durée d'avoir subsisté seize siècles. Quelques Ethiopiens ont régné à Thèbes dans cet intervalle, entre autres Sabacon, et, à ce qu'on croit, Tharaca. Mais l'Egypte tiroit cette utilité de l'excellente constitution de son état, que les étrangers qui la conquéroient entroient dans ses mœurs plutôt que d'y introduire les leurs : ainsi, changeant de maîtres, elle ne changeoit pas de gouvernement. Elle eut peine à souffrir les Perses, dont elle voulut souvent secouer le joug. Mais elle n'étoit pas assez belliqueuse pour se soutenir par sa propre force contre une si grande puissance; et les Grecs, qui la défendoient, occupés ailleurs, étoient contraints de l'abandonner : de sorte qu'elle retomboit toujours sous ses premiers maîtres, mais toujours opiniâtrément attachée à ses anciennes coutumes, et incapable de démentir les maximes de ses premiers rois. Quoiqu'elle en retînt beaucoup de choses sous les Ptolomées, le mélange des mœurs grecques et asiatiques y fut si grand, qu'on n'y reconnut presque plus l'ancienne Egypte.

Il ne faut pas oublier que les temps des anciens rois d'Egypte sont fort incertains, même dans l'histoire des Egyptiens. On a peine à placer Osymanduas, dont nous voyons de si magnifiques monumens dans Diodore (1), et de si belles marques de ses combats. Il semble que les Egyptiens n'aient pas connu le père de Sésostris, qu'Hérodote et Diodore n'ont pas nommé. Sa puissance est encore plus marquée par les monumens qu'il a laissés dans toute la terre, que par les mémoires de son pays; et ces raisons nous font voir qu'il ne faut pas croire, comme quelques-uns, que ce que l'Egypte publioit de ses antiquités ait toujours été aussi exact qu'elle s'en vantoit, puisqu'elle-même est si incertaine des temps les plus éclatans de sa monarchie.

---

(1) *Diod. lib.* 1, *sect.* 2, *n.* 5.

CHAPITRE IV.

Les Assyriens anciens et nouveaux, les Mèdes et Cyrus.

Le grand empire des Egyptiens est comme détaché de tous les autres, et n'a pas, comme vous voyez, une longue suite. Ce qui nous reste à dire est plus soutenu, et à des dates plus précises.

Nous avons néanmoins encore très-peu de choses certaines touchant le premier empire des Assyriens : mais enfin, en quelque temps qu'on en veuille placer les commencemens, selon les diverses opinions des historiens, vous verrez que, lorsque le monde étoit partagé en plusieurs petits états, dont les princes songeoient plutôt à se conserver qu'à s'accroître, Ninus, plus entreprenant et plus puissant que ses voisins, les accabla les uns après les autres, et poussa bien loin ses conquêtes du côté de l'orient (1). Sa femme Sémiramis, qui joignit à l'ambition assez ordinaire à son sexe, un courage et une suite de conseils

---

(1) *Diod. lib.* 11, c. 2. *lib.* 1, c. 1.

qu'on n'a pas accoutumé d'y trouver, soutint les vastes desseins de son mari, et acheva de former cette monarchie.

Elle étoit grande sans doute; et la grandeur de Ninive, qu'on met au-dessus de celle de Babylone (1), le montre assez. Mais, comme les historiens les plus judicieux (2) ne font pas cette monarchie si ancienne que les autres nous la représentent, ils ne la font pas non plus si grande. On voit durer trop long-temps les petits royaumes (3) dont il la faudroit composer, si elle étoit aussi ancienne et aussi étendue que le fabuleux Ctésias, et ceux qui l'en ont cru sur sa parole, nous la décrivent. Il est vrai que Platon (4), curieux observateur des antiquités, fait le royaume de Troie du temps de Priam une dépendance de l'empire des Assyriens. Mais on n'en voit rien dans Homère, qui, dans le dessein qu'il avoit de relever la gloire de la Grèce, n'auroit pas oublié cette circonstance; et on peut croire que les Assyriens

---

(1) *Strab. lib.* XVI. — (2) *Herod. lib.* 1. c. 178, etc. *Dion. Hal. Ant. Rom. lib.* 1, *Præf. App. Præf. op.* — (3) *Gen.* XIV. 1, 2. *Jud.* III. 8. — (4) *Plat. de Leg. lib.* III.

étoient peu connus du côté de l'occident, puisqu'un poète si savant, et si curieux d'orner son poème de tout ce qui appartenoit à son sujet, ne les y fait point paroître.

Cependant, selon la supputation que nous avons jugée la plus raisonnable, le temps du siége de Troie étoit le beau temps des Assyriens, puisque c'est celui des conquêtes de Sémiramis : mais c'est qu'elles s'étendirent seulement vers l'orient (1). Ceux qui la flattent le plus lui font tourner ses armes de ce côté-là. Elle avoit eu trop de part aux conseils et aux victoires de Ninus pour ne pas suivre ses desseins, si convenables d'ailleurs à la situation de son empire; et je ne crois pas qu'on puisse douter que Ninus ne se soit attaché à l'orient, puisque Justin même, qui le favorise autant qu'il peut, lui fait terminer aux frontières de la Libye les entreprises qu'il fit du côté de l'occident.

Je ne sais donc plus en quel temps Ninive auroit poussé ses conquêtes jusqu'à Troie, puisqu'on voit si peu d'apparence que Ninus et Sémiramis aient rien entre-

---

(1) *Just. lib.* 1, *cap.* 1. *Diod. lib.* 11, *cap.* 12.

pris de semblable; et que tous leurs successeurs, à commencer depuis leur fils Ninyas, ont vécu dans une telle mollesse et avec si peu d'action, qu'à peine leur nom est-il venu jusqu'à nous, et qu'il faut plutôt s'étonner que leur empire ait pu subsister, que de croire qu'il ait pu s'étendre.

Il fut sans doute beaucoup diminué par les conquêtes de Sésostris : mais, comme elles furent de peu de durée, et peu soutenues par ses successeurs, il est à croire que les pays qu'elles enlevèrent aux Assyriens, accoutumés dès long-temps à leur domination, y retournèrent naturellement : de sorte que cet empire se maintint en grande puissance et en grande paix, jusqu'à ce qu'Arbace, ayant découvert la mollesse de ses rois, si long-temps cachée dans le secret du palais, Sardanapale, célèbre par ses infamies, devint non-seulement méprisable, mais encore insupportable à ses sujets.

Vous avez vu les royaumes qui sont sortis du débris de ce premier empire des Assyriens, entre autres celui de Ninive et celui de Babylone. Les rois de Ninive retinrent le nom de rois d'Assyrie, et furent les plus puissans. Leur orgueil s'éleva bientôt au-delà de toutes bornes par les conquêtes qu'ils firent, parmi lesquelles on compte celle du royaume des Israélites ou de Samarie. Il ne fallut rien moins que la main de Dieu, et un miracle visible pour les empêcher d'accabler la Judée sous Ezéchias; et on ne sut plus quelles bornes on pourroit donner à leur puissance, quand on leur vit envahir un peu après dans leur voisinage le royaume de Babylone, où la famille royale étoit défaillie.

Babylone sembloit être née pour commander à toute la terre. Ses peuples étoient pleins d'esprit et de courage. De tout temps la philosophie régnoit parmi eux avec les beaux arts, et l'Orient n'avoit guère de meilleurs soldats que les Chaldéens (1). L'antiquité admire les riches moissons d'un pays que la négligence de ses habitans laisse maintenant sans culture; et son abondance le fit regarder, sous les anciens rois de Perse, comme la troisième partie d'un si grand empire (2). Ainsi les rois d'Assyrie, enflés d'un ac-

―――――――――――

(1) *Xen.* Cyropæd. *lib.* III, IV. — (2) *Herod. lib.* I, c. 192.

croissement qui ajoutoit à leur monarchie une ville si opulente, conçurent de nouveaux desseins. Nabuchodonosor I crut son empire indigne de lui, s'il n'y joignoit tout l'univers. Nabuchodonosor II, superbe plus que tous les rois ses prédécesseurs, après des succès inouïs et des conquêtes surprenantes, voulut plutôt se faire adorer comme un dieu, que commander comme un roi. Quels ouvrages n'entreprit-il point dans Babylone ! Quelles murailles, quelles tours, quelles portes, et quelle enceinte y vit-on paroître ! Il sembloit que l'ancienne tour de Babel allât être renouvelée dans la hauteur prodigieuse du temple de Bel, et que Nabuchodonosor voulût de nouveau menacer le ciel. Son orgueil, quoique abattu par la main de Dieu, ne laissa pas de revivre dans ses successeurs. Ils ne pouvoient souffrir autour d'eux aucune domination ; et, voulant tout mettre sous le joug, ils devinrent insupportables aux peuples voisins. Cette jalousie réunit contre eux, avec les rois de Médie et les rois de Perse, une grande partie des peuples d'Orient. L'orgueil se tourne aisément en cruauté. Comme les rois de Babylone traitoient inhumainement leurs sujets, des peuples entiers aussi-bien que des principaux seigneurs de leur empire se joignirent à Cyrus et aux Mèdes (1). Babylone, trop accoutumée à commander et à vaincre, pour craindre tant d'ennemis ligués contre elle, pendant qu'elle se croit invincible, devint captive des Mèdes, qu'elle prétendoit subjuguer, et périt enfin par son orgueil.

La destinée de cette ville fut étrange, puisqu'elle périt par ses propres inventions. L'Euphrate faisoit à peu près dans ses vastes plaines le même effet que le Nil dans celles d'Egypte : mais, pour le rendre commode, il falloit encore plus d'art et plus de travail que l'Egypte n'en employoit pour le Nil. L'Euphrate étoit droit dans son cours, et jamais ne se débordoit (2). Il lui fallut faire dans tout le pays un nombre infini de canaux, afin qu'il en pût arroser les terres, dont la fertilité devenoit incomparable par ce secours. Pour rompre la violence de ses eaux trop impétueuses, il fallut le faire couler par mille détours, et lui creuser de grands lacs

---

(1) *Xen.* Cyrop. *lib.* III, IV. — (2) *Herod. lib.* 1, c. 193.

qu'une sage reine revêtit avec une magnificence incroyable. Nitocris, mère de Labynithe, autrement nommé Nabonide ou Baltasar, dernier roi de Babylone, fit ces grands ouvrages. Mais cette reine entreprit un travail bien plus merveilleux : ce fut d'élever sur l'Euphrate un pont de pierre, afin que les deux côtés de la ville, que l'immense largeur de ce fleuve séparoit trop, pussent communiquer ensemble. Il fallut donc mettre à sec une rivière si rapide et si profonde, en détournant ses eaux dans un lac immense que la reine avoit fait creuser. En même temps on bâtit le pont, dont les solides matériaux étoient préparés, et on revêtit de brique les deux bords du fleuve jusqu'à une hauteur étonnante, en y laissant des descentes revêtues de même, et d'un aussi bel ouvrage que les murailles de la ville. La diligence du travail en égala la grandeur (1). Mais une reine si prévoyante ne songea pas qu'elle apprenoit à ses ennemis à prendre sa ville. Ce fut dans le même lac qu'elle avoit creusé, que Cyrus détourna l'Euphrate, quand, désespérant de réduire

---

(1) Herod. lib. 11, c. 185 et seq.

Babylone, ni par force ni par famine, il s'y ouvrit des deux côtés de la ville le passage que nous avons vu tant marqué par les prophètes.

Si Babylone eût pu croire qu'elle eût été périssable comme toutes les choses humaines, et qu'une confiance insensée ne l'eût pas jetée dans l'aveuglement; non-seulement elle eût pu prévoir ce que fit Cyrus, puisque la mémoire d'un travail semblable étoit récente; mais encore, en gardant toutes les descentes, elle eût accablé les Perses dans le lit de la rivière où ils passoient. Mais on ne songeoit qu'aux plaisirs et aux festins : il n'y avoit ni ordre ni commandement réglé. Ainsi périssent non-seulement les plus fortes places, mais encore les plus grands empires. L'épouvante se mit partout : le roi impie fut tué; et Xénophon, qui donne ce titre au dernier roi de Babylone (1), semble désigner par ce mot les sacriléges de Baltasar, que Daniel nous fait voir punis par une chute si surprenante.

Les Mèdes, qui avoient détruit le premier empire des Assyriens, détruisirent

---

(1) *Xenoph.* Cyropæd. *lib.* VII, c. 5.

encore le second, comme si cette nation eût dû être toujours fatale à la grandeur assyrienne. Mais à cette dernière fois la valeur et le grand nom de Cyrus fit que les Perses ses sujets eurent la gloire de cette conquête.

En effet, elle est due entièrement à ce héros, qui, ayant été élevé sous une discipline sévère et régulière, selon la coutume des Perses, peuples alors aussi modérés que depuis ils ont été voluptueux, fut accoutumé dès son enfance à une vie sobre et militaire (1). Les Mèdes, autrefois si laborieux et si guerriers (2), mais à la fin ramollis par leur abondance, comme il arrive toujours, avoient besoin d'un tel général. Cyrus se servit de leurs richesses et de leur nom toujours respecté en Orient ; mais il mettoit l'espérance du succès dans les troupes qu'il avoit amenées de Perse. Dès la première bataille le roi de Babylone fut tué, et les Assyriens mis en déroute (3). Le vainqueur offrit le duel au nouveau roi ; et, en montrant son courage, il se donna la réputation d'un

---

(1) *Ibid. lib* 1. — (2) *Polyb. lib.* v, c. 44 ; *lib.* x, c. 24. — (3) *Xen.* Cyropæd. *lib.* iv, v.

prince clément qui épargne le sang des sujets. Il joignit la politique à la valeur. De peur de ruiner un si beau pays, qu'il regardoit déjà comme sa conquête, il fit résoudre que les laboureurs seroient épargnés de part et d'autre (1). Il sut réveiller la jalousie des peuples voisins contre l'orgueilleuse puissance de Babylone, qui alloit tout envahir; et enfin la gloire qu'il s'étoit acquise, autant par sa générosité et par sa justice que par le bonheur de ses armes, les ayant tous réunis sous ses étendards, avec de si grands secours il soumit cett vaste étendue de terre dont il composa son empire.

C'est par là que s'éleva cette monarchie. Cyrus la rendit si puissante, qu'elle ne pouvoit guère manquer de s'accroître sous ses successeurs. Mais pour entendre ce qui l'a perdue, il ne faut que comparer les Perses et les successeurs de Cyrus avec les Grecs et leurs généraux, surtout avec Alexandre.

---

(1) Xen. Cyropæd. *lib.* v.

CHAPITRE V.

Les Perses, les Grecs, et Alexandre.

CAMBYSE, fils de Cyrus, fut celui qui corrompit les mœurs des Perses (1). Son père, si bien élevé parmi les soins de la guerre, n'en prit pas assez de donner au successeur d'un si grand empire une éducation semblable à la sienne ; et, par le sort ordinaire des choses humaines, trop de grandeur nuisit à la vertu. Darius, fils d'Hystaspe, qui d'une vie privée fut élevé sur le trône, apporta de meilleures dispositions à la souveraine puissance, et fit quelques efforts pour réparer les désordres. Mais la corruption étoit déjà trop universelle : l'abondance avoit introduit trop de dérèglement dans les mœurs; et Darius n'avoit pas lui-même conservé assez de force pour être capable de redresser tout-à-fait les autres. Tout dégénéra sous ses successeurs, et le luxe des Perses n'eut plus de mesure.

Mais encore que ces peuples devenus

---

(1) *Plat.* de Leg. *lib.* III.

puissans eussent beaucoup perdu de leur ancienne vertu en s'abandonnant aux plaisirs, ils avoient toujours conservé quelque chose de grand et de noble. Que peut-on voir de plus noble que l'horreur qu'ils avoient pour le mensonge (1), qui passa toujours parmi eux pour un vice honteux et bas? Ce qu'ils trouvoient le plus lâche, après le mensonge, étoit de vivre d'emprunt. Une telle vie leur paroissoit fainéante, honteuse, servile, et d'autant plus méprisable, qu'elle portoit à mentir. Par une générosité naturelle à leur nation, ils traitoient honnêtement les rois vaincus. Pour peu que les enfans de ces princes fussent capables de s'accommoder avec les vainqueurs, ils les laissoient commander dans leur pays avec presque toutes les marques de leur ancienne grandeur (2). Les Perses étoient honnêtes, civils, libéraux envers les étrangers, et ils savoient s'en servir. Les gens de mérite étoient connus parmi eux, et ils n'épargnoient rien pour les gagner. Il est vrai qu'ils ne sont pas arrivés à la connoissance parfaite

---

(1) *Plat.* Alcib. 1. *Herod.* lib. 1, c. 138. —
(2) *Herod.* lib. III, c. 15.

de cette sagesse qui apprend à bien gouverner. Leur grand empire fut toujours régi avec quelques confusion. Ils ne surent jamais trouver ce bel art, depuis si bien pratiqué par les Romains, d'unir toutes les parties d'un grand État, et d'en faire un tout parfait. Aussi n'étoient-ils presque jamais sans révoltes considérables. Ils n'étoient pourtant pas sans politique. Les règles de la justice étoient connues parmi eux; et ils ont eu de grands rois qui les faisoient observer avec une admirable exactitude. Les crimes étoient sévèrement punis (1); mais avec cette modération, qu'en pardonnant aisément les premières fautes, on réprimoit les rechutes par de rigoureux châtimens. Ils avoient beaucoup de bonnes lois, presque toutes venues de Cyrus, et de Darius, fils d'Hystaspe (2). Ils avoient des maximes de gouvernement, des conseils réglés pour les maintenir (3), et une grande subordination dans tous les emplois. Quand on disoit que les grands qui composoient le conseil étoient les yeux et les oreilles

---

(1) *Herod. lib.* 1, c. 137. — (2) *Plat. de Leg.* III. — (3) *Esth.* 1. 13.

du prince (1), on avertissoit tout ensemble, et le prince, qu'il avoit ses ministres comme nous avons les organes de nos sens, non pas pour se reposer, mais pour agir par leur moyen; et les ministres, qu'ils ne devoient pas agir pour eux-mêmes, mais pour le prince, qui étoit leur chef, et pour tout le corps de l'Etat. Ces ministres devoient être instruits des anciennes maximes de la monarchie (2). Le registre qu'on tenoit des choses passées (3) servoit de règle à la postérité. On y marquoit les services que chacun avoit rendus, de peur qu'à la honte du prince, et au grand malheur de l'Etat, ils ne demeurassent sans récompense. C'étoit une belle manière d'attacher les particuliers au bien public, que de leur apprendre qu'ils ne devoient jamais sacrifier pour eux seuls, mais pour le roi et pour tout l'Etat où chacun se trouvoit avec tous les autres. Un des premiers soins du prince étoit de faire fleurir l'agriculture; et les satrapes dont le gouvernement étoit le mieux cultivé avoient la plus grande

---

(1) *Xenoph.* Cyropæd. *lib.* VIII. — (2) *Esth.* I. 13. — (3) *Ibid.* VI. 1.

part aux grâces (1). Comme il y avoit des charges établies pour la conduite des armes, il y en avoit aussi pour veiller aux travaux rustiques : c'étoient deux charges semblables, dont l'une prenoit soin de garder le pays, et l'autre de le cultiver. Le prince le protégeoit avec une affection presque égale, et les faisoit concourir au bien public. Après ceux qui avoient remporté quelque avantage à la guerre, les plus honorés étoient ceux qui avoient élevé beaucoup d'enfans (2). Le respect qu'on inspiroit aux Perses, dès leur enfance, pour l'autorité royale, alloit jusqu'à l'excès, puisqu'ils y mêloient de l'adoration, et paroissoient plutôt des esclaves que des sujets soumis par raison à un empire légitime : c'étoit l'esprit des Orientaux, et peut-être que le naturel vif et violent de ces peuples demandoit un gouvernement plus ferme et plus absolu.

La manière dont on élevoit les enfans des rois est admirée par Platon (3), et proposée aux Grecs comme le modèle

---

(1) *Xenoph.* OEconom. — (2) *Herod. lib.* 1, c. 136. — (3) *Plat.* Alcib. 1.

d'une éducation parfaite. Dès l'âge de sept ans on les tiroit des mains des eunuques, pour les faire monter à cheval, et les exercer à la chasse. A l'âge de quatorze ans, lorsque l'esprit commence à se former, on leur donnoit pour leur instruction quatre hommes des plus vertueux et des plus sages de l'Etat. Le premier, dit Platon, leur apprenoit la magie, c'est-à-dire, dans leur langage, le culte des dieux selon les anciennes maximes et selon les lois de Zoroastre, fils d'Oromase. Le second les accoutumoit à dire la vérité, et à rendre la justice. Le troisième leur enseignoit à ne se laisser pas vaincre par les voluptés, afin d'être toujours libres et vraiment rois, maîtres d'eux-mêmes et de leurs désirs. Le quatrième fortifioit leur courage contre la crainte, qui en eût fait des esclaves, et leur eût ôté la confiance si nécessaire au commandement. Les jeunes seigneurs étoient élevés à la porte du roi avec ses enfans (1). On prenoit un soin particulier qu'ils ne vissent ni qu'ils n'entendissent rien de malhonnête. On rendoit compte au roi de leur

---

(1) *Xenoph.* de Exped. Cyri Jun, *lib.* 1.

conduite. Ce compte qu'on lui en rendoit étoit suivi, par son ordre, de châtimens et de récompenses. La jeunesse, qui les voyoit, apprenoit de bonne heure, avec la vertu, la science d'obéir et de commander. Avec une si belle institution, que ne devoit-on pas espérer des rois de Perse et de leur noblesse, si on eût eu autant de soin de les bien conduire dans le progrès de leur âge, qu'on en avoit de les bien instruire dans leur enfance? Mais les mœurs corrompues de la nation les entraînoient bientôt dans les plaisirs, contre lesquels nulle éducation ne peut tenir. Il faut pourtant confesser que malgré cette mollesse des Perses, malgré le soin qu'ils avoient de leur beauté et de leur parure, ils ne manquoient pas de valeur. Ils s'en sont toujours piqués, et ils en ont donné d'illustres marques. L'art militaire avoit parmi eux la préférence qu'il méritoit, comme celui à l'abri duquel tous les autres peuvent s'exercer en repos (1). Mais jamais ils n'en connurent le fond, ni ne surent ce que peuvent dans une armée la sévérité, la discipline, l'arrangement

---

(1) *Xenoph.* OEconom.

des troupes, l'ordre des marches et des campemens, et enfin une certaine conduite qui fait remuer ces grands corps sans confusion et à propos. Ils croyoient avoir tout fait quand ils avoient ramassé sans choix un peuple immense, qui alloit au combat assez résolument, mais sans ordre, et qui se trouvoit embarrassé d'une multitude infinie de personnes inutiles que le roi et les grands traînoient après eux seulement pour leur plaisir. Car leur mollesse étoit si grande, qu'ils vouloient trouver dans l'armée la même magnificence et les mêmes délices que dans les lieux où la cour faisoit sa demeure ordinaire; de sorte que les rois marchoient accompagnés de leurs femmes, de leurs concubines, de leurs eunuques, et de tout ce qui servoit à leurs plaisirs. La vaisselle d'or et d'argent et les meubles précieux suivoient dans une abondance prodigieuse, et enfin tout l'attirail que demande une telle vie. Une armée composée de cette sorte, et déjà embarrassée de la multitude excessive de ses soldats, étoit surchargée par le nombre démesuré de ceux qui ne combattoient point. Dans cette confusion, on ne pouvoit se mouvoir de concert; les ordres ne venoient jamais à temps, et dans une action tout alloit comme à l'aventure, sans que personne fût en état de pourvoir à ce désordre. Joint encore qu'il falloit avoir fini bientôt, et passer rapidement dans un pays : car ce corps immense, et avide non-seulement de ce qui étoit nécessaire pour la vie, mais encore de ce qui servoit au plaisir, consumoit tout en peu de temps, et on a peine à comprendre d'où il pouvoit tirer sa subsistance.

Cependant, avec ce grand appareil, les Perses étonnoient les peuples qui ne savoient pas mieux la guerre qu'eux. Ceux même qui la savoient se trouvèrent ou affoiblis par leurs propres divisions, ou accablés par la multitude de leurs ennemis ; et c'est par là que l'Egypte, toute superbe qu'elle étoit, et de son antiquité, et de ses sages institutions, et des conquêtes de son Sésostris, devint sujette des Perses. Il ne leur fut pas malaisé de dompter l'Asie Mineure et même les colonies grecques, que la mollesse de l'Asie avoit corrompues. Mais, quand ils vinrent à la Grèce même, ils trouvèrent ce qu'ils n'avoient jamais vu, une milice réglée, des chefs entendus, des soldats accoutumés à vivre de peu, des corps endurcis au travail, que la lutte et les autres exercices ordinaires dans ce pays rendoient adroits, des armées médiocres à la vérité, mais semblables à ces corps vigoureux où il semble que tout soit nerf, et où tout est plein d'esprit; au reste si bien commandées et si souples aux ordres de leurs généraux, qu'on eût cru que les soldats n'avoient tous qu'une même âme, tant on voyoit de concert dans leurs mouvemens.

Mais ce que la Grèce avoit de plus grand étoit une politique ferme et prévoyante, qui savoit abandonner, hasarder et défendre ce qu'il falloit; et ce qui est plus grand encore, un courage que l'amour de la liberté et celui de la patrie rendoit invincible.

Les Grecs, naturellement pleins d'esprit et de courage, avoient été cultivés de bonne heure par des rois et des colonies venues d'Egypte, qui, s'étant établies dès les premiers temps en divers endroits du pays, avoient répandu partout cette excellente police des Egyptiens. C'est de là qu'ils avoient appris les exercices du corps, la lutte, la course à pied, la course à cheval et sur les chariots, et les autres exercices qu'ils mirent dans leur perfection par les glorieuses couronnes des jeux Olympiques. Mais ce que les Egyptiens leur avoient appris de meilleur étoit de se rendre dociles, et à se laisser former par les lois pour le bien public. Ce n'étoient pas des particuliers qui ne songent qu'à leurs affaires, et ne sentent les maux de l'état qu'autant qu'ils en souffrent eux-mêmes, ou que le repos de leur famille en est troublé : les Grecs étoient instruits à se regarder et à regarder leur famille comme partie d'un plus grand corps, qui étoit le corps de l'état. Les pères nourrissoient leurs enfans dans cet esprit ; et les enfans apprenoient dès le berceau à regarder la patrie comme une mère commune, à qui ils appartenoient plus encore qu'à leurs parens. Le mot de civilité ne signifioit pas seulement parmi les Grecs la douceur et la déférence mutuelle qui rend les hommes sociables : l'homme civil n'étoit autre chose qu'un bon citoyen, qui se regarde toujours comme membre de l'état, qui se laisse conduire par les lois, et conspire avec elles au bien public, sans rien entreprendre sur personne. Les anciens rois que la Grèce avoit eus en divers pays, un Minos, un Cécrops, un Thésée, un Codrus, un Témène, un Cresphonte, un Eurysthène, un Patrocle, et les autres semblables, avoient répandu cet esprit dans toute la nation (1). Ils furent tous populaires, non point en flattant le peuple, mais en procurant son bien, et en faisant régner la loi.

Que dirai-je de la sévérité des jugemens ? Quel plus grave tribunal y eut-il jamais que celui de l'Aréopage, si révéré dans toute la Grèce, qu'on disoit que les dieux même y avoient comparu ? Il a été célèbre dès les premiers temps, et Cécrops apparemment l'avoit fondé sur le modèle des tribunaux de l'Egypte. Aucune compagnie n'a conservé si long-temps la réputation de son ancienne sévérité ; et l'éloquence trompeuse en a toujours été bannie.

Les Grecs ainsi policés peu à peu se crurent capables de se gouverner eux-mêmes, et la plupart des villes se formèrent en républiques. Mais de sages législateurs qui s'élevèrent en chaque pays, un Thalès, un Pythagore, un Pittacus, un Lycurgue, un Solon, un Philolas, et tant d'autres que l'histoire marque, em-

---

(1) *Plat.* de Leg. *lib.* III.

pêchèrent que la liberté ne dégénérât en licence. Des lois simplement écrites et en petit nombre tenoient les peuples dans le devoir, et les faisoient concourir au bien commun du pays.

L'idée de liberté qu'une telle conduite inspiroit étoit admirable. Car la liberté que se figuroient les Grecs étoit une liberté soumise à la loi, c'est-à-dire, à la raison même reconnue par tout le peuple. Ils ne vouloient pas que les hommes eussent du pouvoir parmi eux. Les magistrats, redoutés durant le temps de leur ministère, redevenoient des particuliers qui ne gardoient d'autorité qu'autant que leur en donnoit leur expérience. La loi étoit regardée comme la maîtresse : c'étoit elle qui établissoit les magistrats, qui en régloit le pouvoir, et qui enfin châtioit leur mauvaise administration.

Il n'est pas ici question d'examiner si ces idées sont aussi solides que spécieuses. Enfin la Grèce en étoit charmée, et préféroit les inconvéniens de la liberté à ceux de la sujétion légitime, quoiqu'en effet beaucoup moindres. Mais, comme chaque forme de gouvernement a ses avantages, celui que la Grèce tiroit du sien, étoit que les citoyens s'affectionnoient d'autant plus à leur pays, qu'ils le conduisoient en commun, et que chaque particulier pouvoit parvenir aux premiers honneurs.

Ce que fit la philosophie, pour conserver l'état de la Grèce, n'est pas croyable. Plus ces peuples étoient libres, plus il étoit nécessaire d'y établir par de bonnes raisons les règles des mœurs, et celles de la société. Pythagore, Thalès, Anaxagore, Socrate, Archytas, Platon, Xénophon, Aristote, et une infinité d'autres, remplirent la Grèce de ces beaux préceptes. Il y eut des extravagans, qui prirent le nom de philosophes : mais ceux qui étoient suivis étoient ceux qui enseignoient à sacrifier l'intérêt particulier et même la vie à l'intérêt général et au salut de l'Etat; et c'étoit la maxime la plus commune des philosophes, qu'il falloit ou se retirer des affaires publiques, ou n'y regarder que le bien public.

Pourquoi parler des philosophes! Les poètes même, qui étoient dans les mains de tout le peuple, les instruisoient plus encore qu'ils ne les divertissoient. Le plus renommé des conquérans regardoit Homère comme un maître qui lui apprenoit à bien régner. Ce grand poète n'apprenoit pas moins à bien obéir, et à être bon citoyen. Lui et tant d'autres poètes, dont les ouvrages ne sont pas moins graves qu'ils sont agréables, ne célèbrent que les arts utiles à la vie humaine, ne respirent que le bien public, la patrie, la société, et cette admirable civilité que nous avons expliquée.

Quand la Grèce ainsi élevée regardoit les Asiatiques avec leur délicatesse, avec leur parure et leur beauté semblable à celle des femmes, elle n'avoit que du mépris pour eux. Mais leur forme de gouvernement, qui n'avoit pour règle que la volonté du prince, maîtresse de toutes les lois et même des plus sacrées, lui inspiroit de l'horreur, et l'objet le plus odieux qu'eût toute la Grèce étoit les Barbares (1).

Cette haine étoit venue aux Grecs dès les premiers temps, et leur étoit devenue comme naturelle. Une des choses qui faisoit aimer la poésie d'Homère est qu'il chantoit les victoires et les avantages de la Grèce sur l'Asie. Du côté de l'Asie étoit Vénus, c'est-à-dire, les plaisirs, les folles amours et la mollesse : du côté de

---

(1) *Isoc.* Paneg.

la Grèce étoit Junon, c'est-à-dire, la gravité avec l'amour conjugal, Mercure avec l'éloquence, Jupiter et la sagesse politique. Du côté de l'Asie étoit Mars impétueux et brutal, c'est-à-dire la guerre faite avec fureur : du côté de la Grèce étoit Pallas, c'est-à-dire l'art militaire et la valeur conduite par esprit. La Grèce, depuis ce temps, avoit toujours cru que l'intelligence et le vrai courage étoit son partage naturel. Elle ne pouvoit souffrir que l'Asie pensât à la subjuguer; et, en subissant ce joug, elle eût cru assujettir la vertu à la volupté, l'esprit au corps, et le véritable courage à une force insensée qui consistoit seulement dans la multitude.

La Grèce étoit pleine de ces sentimens, quand elle fut attaquée par Darius, fils d'Hystaspe, et par Xerxès, avec des armées dont la grandeur paroît fabuleuse, tant elle est énorme. Aussitôt chacun se prépare à défendre sa liberté. Quoique toutes les villes de Grèce fissent autant de républiques, l'intérêt commun les réunit, et il ne s'agissoit entre elles que de voir qui feroit le plus pour le bien public. Il ne coûta rien aux Athéniens d'abandonner leur ville au pillage et à l'incendie; et après qu'ils eurent sauvé leurs vieillards et leurs femmes avec leurs enfans, ils mirent sur des vaisseaux tout ce qui étoit capable de porter les armes. Pour arrêter quelques jours l'armée persienne à un passage difficile, et pour lui faire sentir ce que c'étoit que la Grèce, une poignée de Lacédémoniens courut avec son roi à une mort assurée, contens en mourant d'avoir immolé à leur patrie un nombre infini de ces Barbares, et d'avoir laissé à leurs compatriotes l'exemple d'une hardiesse inouie. Contre de telles armées et une telle conduite, la Perse se trouva foible, et éprouva plusieurs fois, à son dommage, ce que peut la discipline contre la multitude et la confusion, et ce que peut la valeur conduite avec art contre une impétuosité aveugle.

Il ne restoit à la Perse, tant de fois vaincue, que de mettre la division parmi les Grecs ; et l'état même où ils se trouvoient par leurs victoires rendoit cette entreprise facile (1). Comme la crainte les tenoit unis, la victoire et la confiance rompit l'union. Accoutumés à combattre et à vaincre, quand ils crurent n'avoir plus

---

(1) *Plat.* de Leg. *lib.* III.

à craindre la puissance des Perses, ils se tournèrent les uns contre les autres. Mais il faut expliquer un peu davantage cet état des Grecs, et ce secret de la politique persienne.

Parmi toutes les républiques dont la Grèce étoit composée, Athènes et Lacédémone étoient sans comparaison les principales. On ne peut avoir plus d'esprit qu'on en avoit à Athènes, ni plus de force qu'on en avoit à Lacédémone. Athènes vouloit le plaisir : la vie de Lacédémone étoit dure et laborieuse. L'une et l'autre aimoient la gloire et la liberté : mais à Athènes la liberté tendoit naturellement à la licence ; et contrainte par des lois sévères à Lacédémone, plus elle étoit réprimée au dedans, plus elle cherchoit à s'étendre en dominant au dehors. Athènes vouloit aussi dominer, mais par un autre principe. L'intérêt se mêloit à la gloire. Ses citoyens excelloient dans l'art de naviguer ; et la mer, où elle régnoit, l'avoit enrichie. Pour demeurer seule maîtresse de tout le commerce, il n'y avoit rien qu'elle ne voulût assujettir ; et ses richesses, qui lui inspiroient ce désir, lui fournissoient le moyen de le satisfaire. Au contraire, à Lacédémone, l'argent étoit méprisé.

Comme toutes ses lois tendoient à en faire une république guerrière, la gloire des armes étoit le seul charme dont les esprits de ses citoyens fussent possédés. Dès-là naturellement elle vouloit dominer; et plus elle étoit au-dessus de l'intérêt, plus elle s'abandonnoit à l'ambition.

Lacédémone, par sa vie réglée, étoit ferme dans ses maximes et dans ses desseins. Athènes étoit plus vive, et le peuple y étoit trop maître. La philosophie et les lois faisoient à la vérité de beaux effets dans des naturels si exquis ; mais la raison toute seule n'étoit pas capable de les retenir. Un sage athénien (1), et qui connoissoit admirablement le naturel de son pays, nous apprend que la crainte étoit nécessaire à ces esprits trop vifs et trop libres; et qu'il n'y eut plus moyen de les gouverner, quand la victoire de Salamine les eut rassurés contre les Perses.

Alors deux choses les perdirent, la gloire de leurs belles actions, et la sûreté où ils croyoient être. Les magistrats n'étoient plus écoutés; et, comme la Perse étoit affligée par une excessive sujétion,

---

(1) *Plat.* de Leg. *lib.* III.

Athènes, dit Platon, ressentit les maux d'une liberté excessive.

Ces deux grandes républiques, si contraires dans leurs mœurs et dans leur conduite, s'embarrassoient l'une l'autre dans le dessein qu'elles avoient d'assujettir toute la Grèce ; de sorte qu'elles étoient toujours ennemies, plus encore par la contrariété de leurs intérêts que par l'incompatibilité de leurs humeurs.

Les villes grecques ne vouloient la domination ni de l'une ni de l'autre : car, outre que chacun souhaitoit pouvoir conserver sa liberté, elles trouvoient l'empire de ces deux républiques trop fâcheux. Celui de Lacédémone étoit dur. On remarquoit dans son peuple je ne sais quoi de farouche. Un gouvernement trop rigide et une vie trop laborieuse y rendoient les esprits trop fiers, trop austères et trop impérieux (1) : joint qu'il falloit se résoudre à n'être jamais en paix sous l'empire d'une ville, qui, étant formée pour la guerre, ne pouvoit se conserver qu'en la continuant sans relâche (2). Ainsi les La-

---

(1) *Arist.* Polit. *lib.* VIII. c. 4. — (2) *Ibid. lib.* VII, c. 14.

cédémoniens vouloient commander, et tout le monde craignoit qu'ils ne commandassent (1). Les Athéniens étoient naturellement plus doux et plus agréables. Il n'y avoit rien de plus délicieux à voir que leur ville, où les fêtes et les jeux étoient perpétuels : où l'esprit, où la liberté et les passions donnoient tous les jours de nouveaux spectacles (2). Mais leur conduite inégale déplaisoit à leurs alliés, et étoit encore plus insupportable à leurs sujets. Il falloit essuyer les bizarreries d'un peuple flatté, c'est-à-dire, selon Platon, quelque chose de plus dangereux que celles d'un prince gâté par la flatterie.

Ces deux villes ne permettoient point à la Grèce de demeurer en repos. Vous avez vu la guerre du Péloponnèse, et les autres toujours causées ou entretenues par les jalousies de Lacédémone et d'Athènes. Mais ces mêmes jalousies, qui troubloient la Grèce, la soutenoient en quelque façon, et l'empêchoient de tomber dans la dépendance de l'une ou de l'autre de ces républiques.

---

(1) *Xenoph.* de Rep. Lac. — (2) *Plat.* de Rep. lib. VIII.

Les Perses aperçurent bientôt cet état de la Grèce. Ainsi tout le secret de leur politique étoit d'entretenir ces jalousies, et de fomenter ces divisions. Lacédémone, qui étoit la plus ambitieuse, fut la première à les faire entrer dans les querelles des Grecs. Ils y entrèrent dans le dessein de se rendre maîtres de toute la nation ; et, soigneux d'affoiblir les Grecs les uns par les autres, ils n'attendoient que le moment de les accabler tous ensemble. Déjà les villes de Grèce ne regardoient dans leurs guerres que le roi de Perse, qu'elles appeloient le grand Roi (1), ou le Roi par excellence, comme si elles se fussent déjà comptées pour sujettes : mais il n'étoit pas possible que l'ancien esprit de la Grèce ne se réveillât, à la veille de tomber dans la servitude et entre les mains des Barbares. De petits rois grecs entreprirent de s'opposer à ce grand roi et de ruiner son empire. Avec une petite armée, mais nourrie dans la discipline que nous avons vue, Agésilas, roi de Lacédémone, fit trembler les Perses dans l'Asie-Mineure (2), et montra qu'on les pouvoit

---

(1) *Plat.* de *Leg. lib.* III. *Isoc. Paneg.* etc. — (2) *Polyb. lib.* III, c. 6.

abattre. Les seules divisions de la Grèce arrêtèrent ses conquêtes : mais il arriva dans ces temps-là que le jeune Cyrus, frère d'Artaxerxe, se révolta contre lui. Il avoit dix mille Grecs dans ses troupes, qui seuls ne purent être rompus dans la déroute universelle de son armée. Il fut tué dans la bataille et de la main d'Artaxerxe, à ce qu'on dit. Nos Grecs se trouvoient sans protecteur au milieu des Perses et aux environs de Babylone. Cependant Artaxerxe victorieux ne put ni les obliger à poser volontairement les armes, ni les y forcer. Ils conçurent le hardi dessein de traverser en corps d'armée tout son empire pour retourner en leur pays, et ils en vinrent à bout. C'est la belle histoire qu'on trouve si bien raconté par Xénophon, dans son livre de la *Retraite des dix mille*, ou de l'*Expédition du jeune Cyrus*. Toute la Grèce vit alors, plus que jamais, qu'elle nourrissoit une milice invincible à laquelle tout devoit céder, et que ses seules divisions la pouvoient soumettre à un ennemi trop foible pour lui résister quand elle seroit unie. Philippe, roi de Macédoine, également habile et vaillant, ménagea si bien les avantages que lui donnoit contre tant de villes et de républiques divisées, un royaume petit, à la vérité, mais uni, et où la puissance royale étoit absolue, qu'à la fin, moitié par adresse et moitié par force, il se rendit le plus puissant de la Grèce, et obligea tous les Grecs à marcher sous ses étendards contre l'ennemi commun. Il fut tué dans ces conjonctures : mais Alexandre son fils succéda à son royaume et à ses desseins.

Il trouva les Macédoniens non-seulement aguerris, mais encore triomphans, et devenus par tant de succès presque autant supérieurs aux autres Grecs en valeur et en discipline, que les autres Grecs étoient au-dessus des Perses et de leurs semblables.

Darius, qui régnoit en Perse de son temps, étoit juste, vaillant, généreux, aimé de ses peuples, et ne manquoit ni d'esprit ni de vigueur pour exécuter ses desseins. Mais si vous le comparez avec Alexandre; son esprit avec ce génie perçant et sublime; sa valeur avec la hauteur et la fermeté de ce courage invincible qui se sentoit animé par les obstacles; avec cette ardeur immense d'accroître tous les jours son nom, qui lui faisoit préférer à tous les périls, à tous les travaux, et à mille morts, le moindre degré de gloire; enfin, avec cette confiance qui lui faisoit sentir au fond de son cœur que tout lui devoit céder comme à un homme que sa destinée rendoit supérieur aux autres, confiance qu'il inspiroit non-seulement à ses chefs, mais encore aux moindres de ses soldats, qu'il élevoit par ce moyen au-dessus des difficultés, et au-dessus d'eux-mêmes : vous jugerez aisément auquel des deux appartenoit la victoire. Et si vous joignez à ces choses les avantages des Grecs et des Macédoniens au-dessus de leurs ennemis, vous avouerez que la Perse attaquée par un tel héros et par de telles armées, ne pouvoit plus éviter de changer de maître. Ainsi vous découvrirez en même temps ce qui a ruiné l'empire des Perses, et ce qui a élevé celui d'Alexandre.

Pour lui faciliter la victoire, il arriva que la Perse perdit le seul général qu'elle pût opposer aux Grecs : c'étoit Memnon Rhodien (1). Tant qu'Alexandre eut en tête un si fameux capitaine, il put se glorifier d'avoir vaincu un ennemi digne

---

(1) *Diod. lib.* XVII, *sect.* 1, *n.* 5.

de lui. Au lieu de hasarder contre les Grecs une bataille générale, Memnon vouloit qu'on leur disputât tous les passages, qu'on leur coupât les vivres, qu'on les allât attaquer chez eux, et que par une attaque vigoureuse on les forçât à venir défendre leur pays. Alexandre y avoit pourvu, et les troupes qu'il avoit laissées à Antipater suffisoient pour garder la Grèce. Mais sa bonne fortune le délivra tout d'un coup de cet embarras. Au commencement d'une diversion qui déjà inquiétoit toute la Grèce, Memnon mourut, et Alexandre mit tout à ses pieds.

Ce prince fit son entrée dans Babylone avec un éclat qui surpassoit tout ce que l'univers avoit jamais vu; et après avoir vengé la Grèce, après avoir subjugué avec une promptitude incroyable toutes les terres de la domination persienne, pour assurer de tous côtés son nouvel empire, ou plutôt pour contenter son ambition, et rendre son nom plus fameux que celui de Bacchus, il entra dans les Indes où il poussa ses conquêtes plus loin que ce célèbre vainqueur. Mais celui que les déserts, les fleuves et les montagnes n'étoient pas capables d'arrêter, fut contraint de céder à ses soldats rebutés qui demandoient du repos. Réduit à se contenter des superbes monumens qu'il laissa sur le bord de l'Araspe, il ramena son armée par une autre route que celle qu'il avoit tenue, et dompta tous les pays qu'il trouva sur son passage.

Il revint à Babylone craint et respecté non pas comme un conquérant, mais comme un dieu. Mais cet empire formidable qu'il avoit conquis, ne dura pas plus long-temps que sa vie, qui fut forte courte. A l'âge de trente-trois ans, au milieu des plus vastes desseins qu'un homme eût jamais conçus, et avec les plus justes espérances d'un heureux succès, il mourut sans avoir eu le loisir d'établir solidement ses affaires, laissant un frère imbécile, et des enfans en bas âge, incapables de soutenir un si grand poids. Mais ce qu'il y avoit de plus funeste pour sa maison et pour son empire, est qu'il laissoit des capitaines à qui il avoit appris à ne respirer que l'ambition et la guerre. Il prévit à quels excès ils se porteroient quand il ne seroit plus au monde : pour les retenir, et de peur d'en être dédit, il n'osa nommer ni son successeur ni le tuteur de ses enfans. Il prédit seulement que ses amis célébreroient ses funérailles avec des batailles sanglantes; et il expira dans la fleur de son âge, plein des tristes images de la confusion qui devoit suivre sa mort.

En effet, vous avez vu le partage de son empire, et la ruine affreuse de sa maison. La Macédoine, son ancien royaume, tenu par ses ancêtres depuis tant de siècles, fut envahi de tous côtés comme une succession vacante; et après avoir été long-temps la proie du plus fort, il passa enfin à une autre famille. Ainsi ce grand conquérant, le plus renommé et le plus illustre qui fut jamais, a été le dernier roi de sa race. S'il fût demeuré paisible dans la Macédoine, la grandeur de son empire n'auroit pas tenté ses capitaines, et il eût pu laisser à ses enfans le royaume de ses pères. Mais parce qu'il avoit été trop puissant, il fut cause de la perte de tous les siens : et voilà le fruit glorieux de tant de conquêtes.

Sa mort fut la seule cause de cette grande révolution. Car il faut dire, à sa gloire, que si jamais homme a été capable de soutenir un si vaste empire, quoique nouvellement conquis, ç'a été sans doute Alexandre, puisqu'il n'avoit pas moins d'esprit que de courage. Il ne faut donc point imputer à ses fautes, quoiqu'il en ait fait de grandes, la chute de sa famille, mais à la seule mortalité; si ce n'est qu'on veuille dire qu'un homme de son humeur, et que son ambition engageoit toujours à entreprendre, n'eût jamais trouvé le loisir d'établir les choses.

Quoi qu'il en soit, nous voyons par son exemple, qu'outre les fautes que les hommes pourroient corriger, c'est-à-dire celles qu'ils font par emportement ou par ignorance, il y a un foible irrémédiable inséparablement attaché aux desseins humains; et c'est la mortalité. Tout peut tomber en un moment par cet endroit-là: ce qui nous force d'avouer que, comme le vice le plus inhérent, si je puis parler de la sorte, et le plus inséparable des choses humaines, c'est leur propre caducité; celui qui sait conserver et affermir un état a trouvé un plus haut point de sagesse que celui qui sait conquérir et gagner des batailles.

Il n'est pas besoin que je vous raconte en détail ce qui fit périr les royaumes formés du débris de l'empire d'Alexandre, c'est-à-dire, celui de Syrie, celui de Macédoine et celui d'Egypte. La cause commune de leur ruine est qu'ils furent contraints de céder à une plus grande puissance, qui fut la puissance romaine. Si toutefois nous voulions considérer le dernier état de ces monarchies, nous trouverions aisément les causes immédiates de leur chute; et nous verrions, entre autres choses, que la plus puissante de toutes, c'est-à-dire celle de Syrie, après avoir été ébranlée par la mollesse et le luxe de la nation, reçut enfin le coup mortel par la division de ses princes.

CHAPITRE VI.

L'Empire Romain, et, en passant, celui de Carthage et sa mauvaise constitution.

Nous sommes enfin venus à ce grand empire qui a englouti tous les empires de l'univers, d'où sont sortis les plus grands royaumes du monde que nous habitons, dont nous respectons encore les lois, et que nous devons par conséquent mieux connoître que tous les autres empires. Vous entendez bien que je parle de l'empire romain. Vous en avez vu la longue et mémorable histoire dans toute sa suite. Mais, pour entendre parfaitement les causes de l'élévation de Rome, et celles des grands changemens qui sont arrivés dans son état, considérez attentivement, avec les mœurs des Romains, les temps d'où dépendent tous les mouvemens de ce vaste empire.

De tous les peuples du monde, le plus fier et le plus hardi, mais tout ensemble le plus réglé dans ses conseils, le plus constant dans ses maximes, le plus avisé, le plus laborieux, et enfin le plus patient, a été le peuple romain.

De tout cela s'est formée la meilleure milice et la politique la plus prévoyante, la plus ferme et la plus suivie qui fût jamais.

Le fond d'un Romain, pour ainsi parler, étoit l'amour de sa liberté et de sa patrie. Une de ces choses lui faisoit aimer l'autre : car, parce qu'il aimoit sa liberté, il aimoit aussi sa patrie comme une mère qui le nourrissoit dans des sentimens également généreux et libres.

Sous ce nom de liberté, les Romains se figuroient, avec les Grecs, un état où personne ne fût sujet que de la loi, et où la loi fût plus puissante que les hommes.

Au reste, quoique Rome fût née sous un gouvernement royal, elle avoit, même sous ses rois, une liberté qui ne convient guère à une monarchie réglée. Car, outre que les rois étoient électifs, et que l'élection s'en faisoit par tout le peuple, c'étoit encore au peuple assemblé à confirmer les lois, et à résoudre la paix ou la guerre. Il y avoit même des cas particuliers où les rois déféroient au peuple le jugement souverain : témoin Tullus Hostilius, qui n'osant ni commander ni absoudre Horace, comblé tout ensemble et d'honneur pour avoir vaincu les Curiaces et de honte pour avoir tué sa sœur, le fit juger par le peuple. Ainsi les rois n'avoient proprement que le commandement des armées, et l'autorité de convoquer les assemblées légitimes, d'y proposer les affaires ; de maintenir les lois, et d'exécuter les décrets publics.

Quand Servius Tullius conçut le dessein que vous avez vu de réduire Rome en république, il augmenta dans un peuple déjà si libre l'amour de la liberté ; et de là vous pouvez juger combien les Romains en furent jaloux quand ils l'eurent goûtée tout entière sous leurs consuls.

On frémit encore en voyant dans les histoires la triste fermeté du consul Brutus, lorsqu'il fit mourir à ses yeux ses deux enfans, qui s'étoient laissé entraîner aux sourdes pratiques que les Tarquins faisoient dans Rome pour y établir leur domination. Combien fut affermi dans l'amour de la liberté un peuple qui voyoit ce consul sé-

vére immoler à la liberté sa propre famille!
Il ne faut plus s'étonner, si on méprisa
dans Rome les efforts des peuples voisins,
qui entreprirent de rétablir les Tarquins
bannis (1). Ce fut en vain que le roi Porsenna les prit en sa protection : les Romains,
presque affamés, lui firent connoître, par
leur fermeté, qu'ils vouloient du moins
mourir libres. Le peuple fut encore plus
ferme que le sénat; et Rome entière fit
dire à ce puissant roi, qui venoit de la réduire à l'extrémité, qu'il cessât d'intercéder pour les Tarquins, puisque, résolue
de tout hasarder pour sa liberté, elle recevroit plutôt ses ennemis que ses tyrans (2). Porsenna, étonné de la fierté de
ce peuple et de la hardiesse plus qu'humaine de quelques particuliers, résolut de
laisser les Romains jouir en paix d'une liberté qu'ils savoient si bien défendre.

La liberté leur étoit donc un trésor qu'ils
préféroient à toutes les richesses de l'univers. Aussi avez-vous vu que dans leurs
commencemens, et même bien avant dans
leurs progrès, la pauvreté n'étoit pas un

---

(1) *Dion. Hal.* Ant. Rom. *lib.* v, c. 1. —
(2) *Tit. Liv. lib.* 11, c. 13, 15.

mal pour eux : au contraire, ils la regardoient comme un moyen de garder leur liberté plus entière, n'y ayant rien de plus libre ni de plus indépendant qu'un homme qui sait vivre de peu, et qui, sans rien attendre de la protection ou de la libéralité d'autrui, ne fonde sa subsistance que sur son industrie et sur son travail.

C'est ce que faisoient les Romains. Nourrir du bétail, labourer la terre, se dérober à eux-mêmes tout ce qu'ils pouvoient, vivre d'épargne et de travail : voilà quelle étoit leur vie ; c'est de quoi ils soutenoient leur famille, qu'ils accoutumoient à de semblables travaux.

Tite-Live a raison de dire qu'il n'y eut jamais de peuple où la frugalité, où l'épargne, où la pauvreté aient été plus long-temps en honneur. Les sénateurs les plus illustres, à n'en regarder que l'extérieur, différoient peu des paysans, et n'avoient d'éclat ni de majesté qu'en public et dans le sénat. Du reste, on les trouvoit occupés du labourage et des autres soins de la vie rustique, quand on les alloit querir pour commander les armées. Ces exemples sont fréquens dans l'histoire romaine. Curius et Fabrice, ces grands capitaines qui vainquirent Pyrrhus, un roi si riche, n'avoient que de la vaisselle de terre; et le premier à qui les Samnites en offroient d'or et d'argent, répondit que son plaisir n'étoit point d'en avoir, mais de commander à qui en avoit. Après avoir triomphé, et avoir enrichi la république des dépouilles de ses ennemis, ils n'avoient pas de quoi se faire enterrer. Cette modération duroit encore pendant les guerres puniques. Dans la première, on voit Régulus, général des armées romaines, demander son congé au sénat pour aller cultiver sa métairie abandonnée pendant son absence (1). Après la ruine de Carthage, on voit encore de grands exemples de la première simplicité. Æmilius Paulus, qui augmenta le trésor public par le riche trésor des rois de Macédoine, vivoit selon les règles de l'ancienne frugalité, et mourut pauvre. Mummius, en ruinant Corinthe, ne profita que pour le public des richesses de cette ville opulente et voluptueuse (2). Ainsi les richesses étoient méprisées : la modération et l'innocence des généraux romains faisoient l'admiration des peuples vaincus.

---

(1) *Tit. Liv. Epit. lib.* xviii. — (2) *Cic. de Offic. lib.* ii, c. 22, n. 76.

Cependant, dans ce grand amour de la pauvreté, les Romains n'épargnoient rien pour la grandeur et pour la beauté de leur ville. Dès leurs commencemens, les ouvrages publics furent tels, que Rome n'en rougit pas depuis même qu'elle se vit maîtresse du monde. Le Capitole, bâti par Tarquin le Superbe, et le temple qu'il éleva à Jupiter dans cette forteresse, étoient dignes dès-lors de la majesté du plus grand des dieux, et de la gloire future du peuple romain. Tout le reste répondoit à cette grandeur. Les principaux temples, les marchés, les bains, les places publiques, les grands chemins, les aquéducs, les cloaques même et les égouts de la ville avoient une magnificence qui paroîtroit incroyable, si elle n'étoit attestée par tous les historiens (1), et confirmée par les restes que nous en voyons. Que dirai-je de la pompe des triomphes, des cérémonies de la religion, des jeux et des spectacles qu'on donnoit au peuple (2)? En

___

(1) *Tit. Liv. lib.* I, c. 53, 55; *lib.* VI, c. 4. *Dion. Halicarn.* Ant. Rom. *lib.* III, *cap.* 20, 21; *lib.* IV, c. 13. *Tacit.* Hist. *lib.* III, c. 72. *Plin.* Hist. natur. *lib.* XXXVI, *cap.* 15. — (2) *Dion. Hal. lib.* VII, *cap.* 13.

un mot, tout ce qui servoit au public, tout ce qui pouvoit donner aux peuples une grande idée de leur commune patrie, se faisoit avec profusion autant que le temps pouvoit permettre. L'épargne régnoit seulement dans les maisons particulières. Celui qui augmentoit ses revenus et rendoit ses terres plus fertiles par son industrie et par son travail, qui étoit le meilleur économe, et prenoit le plus sur lui-même, s'estimoit le plus libre, le plus puissant, et le plus heureux.

Il n'y a rien de plus éloigné d'une telle vie que la mollesse. Tout tendoit plutôt à l'autre excès, je veux dire, à la dureté. Aussi les mœurs des Romains avoient-elles naturellement quelque chose, non-seulement de rude et de rigide, mais encore de sauvage et de farouche. Mais ils n'oublièrent rien pour se réduire eux-mêmes sous de bonnes lois ; et le peuple le plus jaloux de sa liberté que l'univers ait jamais vu se trouva en même temps le plus soumis à ses magistrats et à la puissance légitime.

La milice d'un tel peuple ne pouvoit manquer d'être admirable, puisqu'on y trouvoit, avec des courages fermes et des corps vigoureux une si prompte et si exacte obéissance.

Les lois de cette milice étoient dures, mais nécessaires. La victoire étoit périlleuse, et souvent mortelle à ceux qui la gagnoient contre les ordres. Il y alloit de la vie, non-seulement à fuir, à quitter ses armes, à abandonner son rang, mais encore à se remuer, pour ainsi dire, et à branler tant soit peu sans le commandement du général. Qui mettoit les armes bas devant l'ennemi, qui aimoit mieux se laisser prendre que de mourir glorieusement pour sa patrie, étoit jugé indigne de toute assistance. Pour l'ordinaire on ne comptoit plus les prisonniers parmi les citoyens, et on les laissoit aux ennemis comme des membres retranchés de la république. Vous avez vu, dans Florus et dans Cicéron (1), l'histoire de Régulus, qui persuada au sénat, aux dépens de sa propre vie, d'abandonner les prisonniers aux Carthaginois. Dans la guerre d'Annibal, et après la perte de la bataille de Cannes, c'est-à-dire, dans le temps où

---

(1) *Cic.* de Offic. *lib.* III, c. 23, n. 110. *Florus*, *lib.* II, c. 2.

Rome épuisée par tant de pertes manquoit le plus de soldats, le sénat aima mieux armer, contre sa coutume, huit mille esclaves, que de racheter huit mille Romains qui ne lui auroient pas plus coûté que la nouvelle milice qu'il fallut lever (1). Mais, dans la nécessité des affaires, on établit plus que jamais comme une loi inviolable, qu'un soldat romain devoit ou vaincre ou mourir.

Par cette maxime, les armées romaines, quoique défaites et rompues, combattoient et se rallioient jusqu'à la dernière extrémité ; et, comme remarque Salluste (2), il se trouve parmi les Romains plus de gens punis pour avoir combattu sans en avoir ordre, que pour avoir lâché le pied et quitté son poste : de sorte que le courage avoit plus besoin d'être réprimé, que la lâcheté n'avoit besoin d'être excitée.

Ils joignirent à la valeur l'esprit et l'invention. Outre qu'ils étoient par eux-mêmes appliqués et ingénieux, ils sa-

---

(1) *Polyb. lib.* vi, c. 56. *Tit. Liv. lib.* xxii, c. 57, 58. *Cic. de Offic. lib.* iii, c. 26, n. 114. — (2) *Salust.* de Bello Catil. n. 9.

voient profiter admirablement de tout ce qu'ils voyoient dans les autres peuples de commode pour les campemens, pour les ordres de bataille, pour le genre même des armes, en un mot, pour faciliter tant l'attaque que la défense. Vous avez vu, dans Salluste et dans les autres auteurs, ce que les Romains ont appris de leurs voisins et de leurs ennemis même. Qui ne sait qu'ils ont appris des Carthaginois l'invention des galères, par lesquelles ils les ont battus, et enfin qu'ils ont tiré de toutes les nations qu'ils ont connues de quoi les surmonter toutes ?

En effet, il est certain, de leur aveu propre, que les Gaulois les surpassoient en force de corps, et ne leur cédoient pas en courage. Polybe nous fait voir qu'en une rencontre décisive, les Gaulois d'ailleurs plus forts en nombre, montrèrent plus de hardiesse que les Romains, quelque déterminés qu'ils fussent (1); et nous voyons toutefois, en cette même rencontre, ces Romains, inférieurs en tout le reste, l'emporter sur les Gaulois, parce qu'ils savoient choisir de meilleures armes,

---

(1) *Polyb. lib.* II, c. 28 *et seq.*

se ranger dans un meilleur ordre, et mieux profiter du temps dans la mêlée. C'est ce que vous pourrez voir quelque jour plus exactement dans Polybe; et vous avez souvent remarqué vous-même, dans les Commentaires de César, que les Romains commandés par ce grand homme ont subjugué les Gaulois plus encore par les adresses de l'art militaire que par leur valeur.

Les Macédoniens, si jaloux de conserver l'ancien ordre de leur milice formée par Philippe et par Alexandre, croyoient leur phalange invincible, et ne pouvoient se persuader que l'esprit humain fût capable de trouver quelque chose de plus ferme. Cependant le même Polybe, et Tite-Live après lui (1), ont démontré qu'à considérer seulement la nature des armées romaines et de celles des Macédoniens, les dernières ne pouvoient manquer d'être battues à la longue, parce que la phalange macédonienne, qui n'étoit qu'un gros bataillon carré, fort épais de toutes parts, ne pouvoit se mouvoir que tout d'une

---

(1) *Polyb. lib.* XVII, *in Excerp.* c. 24 *et seq.* *Tit. Liv. lib.* IX, c. 19; *lib.* XXXI, c. 39, etc.

pièce, au lieu que l'armée romaine, distribuée en petits corps, étoit plus prompte et plus disposée à toute sorte de mouvemens.

Les Romains ont donc trouvé, ou ils ont bientôt appris l'art de diviser les armées en plusieurs bataillons et escadrons, et de former les corps de réserve, dont le mouvement est si propre à pousser ou à soutenir ce qui s'ébranle de part et d'autre. Faites marcher contre des troupes ainsi disposées la phalange macédonienne : cette grosse et lourde machine sera terrible à la vérité à une armée sur laquelle elle tombera de tout son poids; mais, comme parle Polybe, elle ne peut conserver long-temps sa propriété naturelle, c'est-à-dire sa solidité et sa consistance, parce qu'il lui faut des lieux propres, et pour ainsi dire faits exprès, et qu'à faute de les trouver elle s'embarrasse elle-même, ou plutôt elle se rompt par son propre mouvement; joint qu'étant une fois enfoncée, elle ne sait plus se rallier. Au lieu que l'armée romaine, divisée en ses petits corps, profite de tous les lieux, et s'y accommode : on l'unit et on la sépare comme on veut; elle défile aisément et se rassemble sans peine; elle est propre aux détachemens, aux ralliemens, à toute sorte de conversions et d'évolutions, qu'elle fait ou tout entière ou en partie, selon qu'il est convenable ; enfin elle a plus de mouvemens divers, et par conséquent plus d'action et plus de force que la phalange. Concluez donc avec Polybe qu'il falloit que la phalange lui cédât, et que la Macédoine fût vaincue.

Il y a plaisir, Monseigneur, à vous parler de ces choses dont vous êtes si bien instruit par d'excellens maîtres, et que vous voyez pratiquées, sous les ordres de Louis le Grand, d'une manière si admirable, que je ne sais si la milice romaine a jamais rien eu de plus beau. Mais, sans vouloir ici la mettre aux mains avec la milice française, je me contente que vous ayez vu que la milice romaine, soit qu'on regarde la science même de prendre ses avantages, ou qu'on s'attache à considérer son extrême sévérité à faire garder tous les ordres de la guerre, a surpassé de beaucoup tout ce qui avoit paru dans les siècles précédens.

Après la Macédoine, il ne faut plus vous parler de la Grèce : vous avez vu que la Macédoine y tenoit le dessus, et ainsi elle vous apprend à juger du reste. Athènes n'a plus rien produit depuis le temps d'Alexandre. Les Etoliens, qui se signalèrent en diverses guerres, étoient plutôt indociles que libres, et plutôt brutaux que vaillans. Lacédémone avoit fait son dernier effort pour la guerre en produisant Cléomène, et la ligue des Achéens en produisant Philopœmen. Rome n'a point combattu contre ces deux grands capitaines; mais le dernier, qui vivoit du temps d'Annibal et de Scipion, à voir agir les Romains dans la Macédoine, jugea bien que la liberté de la Grèce alloit expirer, et qu'il ne lui restoit plus qu'à reculer le moment de sa chute (1). Ainsi les peuples les plus belliqueux cédoient aux Romains. Les Romains ont triomphé du courage dans les Gaulois, du courage et de l'art dans les Grecs, et de tout cela soutenu de la conduite la plus raffinée, en triomphant d'Annibal; de sorte que rien n'égala jamais la gloire de leur milice.

Aussi n'ont-ils rien eu, dans tout leur gouvernement, dont ils se soient tant vantés que de leur discipline militaire. Ils

_____

(1) *Plut.* in Philop.

l'ont toujours considérée comme le fondement de leur empire. La discipline militaire est la chose qui a paru la première dans leur état, et la dernière qui s'y est perdue, tant elle étoit attachée à la constitution de leur république.

Une des plus belles parties de la milice romaine étoit qu'on n'y louoit point la fausse valeur. Les maximes du faux honneur, qui ont fait périr tant de monde parmi nous, n'étoient pas seulement connues dans une nation si avide de gloire. On remarque de Scipion (1) et de César, les deux premiers hommes de guerre et les plus vaillans qui aient été parmi les Romains, qu'ils ne se sont jamais exposés qu'avec précaution, et lorsqu'un grand besoin le demandoit. On n'attendoit rien de bon d'un général qui ne savoit pas connoître le soin qu'il devoit avoir de conserver sa personne (2) : et on réservoit pour le vrai service les actions d'une hardiesse extraordinaire. Les Romains ne vouloient point de batailles hasardées mal à propos, ni de victoires qui coûtassent trop de sang; de sorte

---

(1) *Polyb. lib.* x, c. 13. — (2) *Ibid.* c. 19.

qu'il n'y avoit rien de plus hardi, ni tout ensemble de plus ménagé qu'étoient les armées romaines.

Mais, comme il ne suffit pas d'entendre la guerre, si on a un sage conseil pour l'entreprendre à propos, et tenir le dedans de l'état dans un bon ordre, il faut encore vous faire observer la profonde politique du sénat romain. A le prendre dans les bons temps de la république, il n'y eut jamais d'assemblée où les affaires fussent traitées plus mûrement, ni avec plus de secret, ni avec une plus longue prévoyance, ni dans un plus grand concours, et avec un plus grand zèle pour le bien public.

Le Saint-Esprit n'a pas dédaigné de marquer ceci dans les livres des Machabées (1), ni de louer la haute prudence et les conseils vigoureux de cette sage compagnie, où personne ne se donnoit de l'autorité que par la raison, et dont tous les membres conspiroient à l'utilité publique sans partialité et sans jalousie.

Pour le secret, Tite-Live nous en donne

---

(1) *I. Machab.* VIII. 16.

un exemple illustre (1). Pendant qu'on méditoit la guerre contre Persée, Eumènes, roi de Pergame, ennemi de ce prince, vint à Rome pour se liguer contre lui avec le sénat. Il y fit ses propositions en pleine assemblée, et l'affaire fut résolue par les suffrages d'une compagnie composée de trois cents hommes. Qui croiroit que le secret eût été gardé, et qu'on n'ait jamais rien su de la délibération que quatre ans après, quand la guerre fut achevée ? Mais ce qu'il y a de plus surprenant, est que Persée avoit à Rome ses ambassadeurs pour observer Eumènes. Toutes les villes de Grèce et d'Asie, qui craignoient d'être enveloppées dans cette querelle, avoient aussi envoyé les leurs, et tous ensemble tâchoient à découvrir une affaire d'une telle conséquence. Au milieu de tant d'habiles négociateurs le sénat fut impénétrable. Pour faire garder le secret, on n'eut jamais besoin de supplices, ni de défendre le commerce avec les étrangers sous des peines rigoureuses. Le secret se recommandoit comme tout seul, et par sa propre importance.

---

(1) *Tit. Liv. lib.* XLII, *cap.* 14.

C'est une chose surprenante dans la conduite de Rome, d'y voir le peuple regarder presque toujours le sénat avec jalousie, et néanmoins lui déférer tout dans les grandes occasions, et surtout dans les grands périls. Alors on voyoit tout le peuple tourner les yeux sur cette sage compagnie, et attendre ses résolutions comme autant d'oracles.

Une longue expérience avoit appris aux Romains que de là étoient sortis tous les conseils qui avoient sauvé l'état. C'étoit dans le sénat que se conservoient les anciennes maximes, et l'esprit, pour ainsi parler, de la république. C'étoit là que se formoient les desseins qu'on voyoit se soutenir par leur propre suite; et ce qu'il y avoit de plus grand dans le sénat, est qu'on n'y prenoit jamais des résolutions plus vigoureuses que dans les plus grandes extrémités.

Ce fut au plus triste état de la république, lorsque, foible encore et dans sa naissance, elle se vit tout ensemble et divisée au dedans par les tribuns et pressée au dehors par les Volsques, que Coriolan irrité menoit contre sa patrie (1);

---

(1) *Dion. Hal. lib.* VIII, c. 5. *Tit. Liv. lib.* II, c. 39.

ce fut, dis-je, en cet état, que le sénat parut le plus intrépide. Les Volsques, toujours battus par les Romains, espérèrent se venger ayant à leur tête le plus grand homme de Rome, le plus entendu à la guerre, le plus libéral, le plus incompatible avec l'injustice; mais le plus dur, le plus difficile et le plus aigri. Ils vouloient se faire citoyens par force; et après de grandes conquêtes, maîtres de la campagne et du pays, ils menaçoient de tout perdre si on n'accordoit leur demande. Rome n'avoit ni armée ni chefs; et néanmoins dans ce triste état, et pendant qu'elle avoit tout à craindre, on vit sortir tout à coup ce hardi décret du sénat, qu'on périroit plutôt que de rien céder à l'ennemi armé, et qu'on lui accorderoit des conditions équitables, après qu'il auroit retiré ses armes.

La mère de Coriolan, qui fut envoyée pour le fléchir, lui disoit entre autres raisons (1) : « Ne connoissez-vous pas les » Romains? Ne savez-vous pas, mon fils, » que vous n'en aurez rien que par les » prières, et que vous n'en obtiendrez ni

---

(1) *Dion. Hal. lib.* VIII, c. 7.

« grande ni petite chose par la force? »
Le sévère Coriolan se laissa vaincre : il lui en coûta la vie, et les Volsques choisirent d'autres généraux : mais le sénat demeura ferme dans ses maximes; et le décret qu'il donna de ne rien accorder par force, passa pour une loi fondamentale de la politique romaine, dont il n'y a pas un seul exemple que les Romains se soient départis dans tous les temps de la république (1). Parmi eux, dans les états les plus tristes, jamais les foibles conseils n'ont été seulement écoutés. Ils étoient toujours plus traitables victorieux que vaincus : tant le sénat savoit maintenir les anciennes maximes de la république, et tant il y savoit confirmer le reste des citoyens.

De ce même esprit sont sorties les résolutions prises tant de fois dans le sénat, de vaincre les ennemis par la force ouverte, sans y employer les ruses ou les artifices, même ceux qui sont permis à la guerre : ce que le sénat ne faisoit ni par un faux point d'honneur, ni pour avoir

---

(1) *Polyb. lib.* vi, *cap.* 56. *Excerpt. de Legat. cap.* 69. *Dion. Hal. lib.* viii, *c.* 5.

ignoré les lois de la guerre, mais parce qu'il ne jugeoit rien de plus efficace pour abattre un ennemi orgueilleux, que de lui ôter toute l'opinion qu'il pourroit avoir de ses forces, afin que, vaincu jusque dans le cœur, il ne vît plus de salut que dans la clémence du vainqueur.

C'est ainsi que s'établit par toute la terre cette haute opinion des armes romaines. La créance répandue partout que rien ne leur résistoit, faisoit tomber les armes des mains à leurs ennemis, et donnoit à leurs alliés un invincible secours. Vous voyez ce que fait dans toute l'Europe une semblable opinion des armes françaises; et le monde, étonné des exploits du roi, confesse qu'il n'appartenoit qu'à lui seul de donner des bornes à ses conquêtes.

La conduite du sénat romain, si forte contre les ennemis, n'étoit pas moins admirable dans la conduite du dedans. Ces sages sénateurs avoient quelquefois pour le peuple une juste condescendance; comme lorsque, dans une extrême nécessité, non-seulement ils se taxèrent eux-mêmes plus haut que les autres, ce qui leur étoit ordinaire, mais encore qu'ils déchargèrent le menu peuple de tout impôt, ajoutant « que les pauvres payoient » un assez grand tribut à la république, » en nourrissant leurs enfans (1). »

Le sénat montra, par cette ordonnance, qu'il savoit en quoi consistoient les vraies richesses d'un état; et un si beau sentiment, joint aux témoignages d'une bonté paternelle, fit tant d'impression dans l'esprit des peuples, qu'ils devinrent capables de soutenir les dernières extrémités pour le salut de leur patrie.

Mais, quand le peuple méritoit d'être blâmé, le sénat le faisoit aussi avec une gravité et une vigueur digne de cette sage compagnie, comme il arriva dans le démêlé entre ceux d'Ardée et d'Aricie. L'histoire en est mémorable, et mérite de vous être racontée. Ces deux peuples étoient en guerre pour des terres que chacun d'eux prétendoit (2). Enfin las de combattre, ils convinrent de se rapporter au jugement du peuple romain, dont l'équité étoit révérée par tous les voisins. Les tribus furent assemblées, et le peuple ayant connu, dans la discussion, que ces terres

---

(1) *Tit. Liv*, lib. II, cap. 9 — (2) *Tit. Liv.* lib. III, c. 71; lib. IV, cap. 7, 9, 10.

prétendues, par d'autres lui appartenoient de droit, se les adjugea. Le sénat, quoique convaincu que le peuple dans le fond avoit bien jugé, ne put souffrir que les Romains eussent démenti leur générosité naturelle, ni qu'ils eussent lâchement trompé l'espérance de leurs voisins qui s'étoient soumis à leur arbitrage. Il n'y eut rien que ne fît cette compagnie pour empêcher un jugement d'un si pernicieux exemple, où les juges prenoient pour eux les terres contestées par les parties. Après que la sentence eut été rendue, ceux d'Ardée, dont le droit étoit le plus apparent, indignés d'un jugement si inique, étoient prêts à s'en venger par les armes. Le sénat ne fit point de difficulté de leur déclarer publiquement qu'il étoit aussi sensible qu'eux-mêmes à l'injure qui leur avoit été faite; qu'à la vérité il ne pouvoit pas casser un décret du peuple, mais que si, après cette offense, ils vouloient bien se fier à la compagnie de la réparation qu'ils avoient raison de prétendre, le sénat prendroit un tel soin de leur satisfaction, qu'il ne leur resteroit aucun sujet de plainte. Les Ardéates se fièrent à cette parole. Il leur arriva une affaire capable de ruiner leur ville de fond en comble. Ils reçurent un si prompt secours par les ordres du sénat, qu'ils se crurent trop bien payés de la terre qui leur avoit été ôtée, et ne songeoient plus qu'à remercier de si fidèles amis. Mais le sénat ne fut pas content, jusqu'à ce qu'en leur faisant rendre la terre que le peuple romain s'étoit adjugée, il abolît la mémoire d'un si infâme jugement.

Je n'entreprends pas ici de vous dire combien le sénat a fait d'actions semblables; combien il a livré aux ennemis de citoyens parjures qui ne vouloient pas leur tenir parole, ou qui chicanoient sur leurs sermens; combien il a condamné de mauvais conseils qui avoient eu d'heureux succès (1) : je vous dirai seulement que cette auguste compagnie n'inspiroit rien que de grand au peuple romain, et donnoit en toutes rencontres une haute idée de ses conseils, persuadée qu'elle étoit que la réputation étoit le plus ferme appui des états.

On peut croire que dans un peuple si sagement dirigé, les récompenses et les

---

(1) *Polyb. Tit. Liv. Cic.* de Off. *lib.* III, c. 25, 26, *etc.*

châtimens étoient ordonnés avec grande considération. Outre que le service et le zèle au bien de l'état étoient le moyen le plus sûr pour s'avancer dans les charges, les actions militaires avoient mille récompenses qui ne coûtoient rien au public, et qui étoient infiniment précieuses aux particuliers, parce qu'on y avoit attaché la gloire, si chère à ce peuple belliqueux. Une couronne d'or très-mince, et le plus souvent une couronne de feuilles de chêne, ou de laurier, ou de quelque herbage plus vil encore, devenoit inestimable parmi les soldats, qui ne connoissoient point de plus belles marques que celles de la vertu, ni de plus noble distinction que celle qui venoit des actions glorieuses.

Le sénat, dont l'approbation tenoit lieu de récompense, savoit louer et blâmer quand il falloit. Incontinent après le combat, les consuls et les autres généraux donnoient publiquement aux soldats et aux officiers la louange ou le blâme qu'ils méritoient : mais eux-mêmes ils attendoient en suspens le jugement du sénat, qui jugeoit de la sagesse des conseils, sans se laisser éblouir par le bonheur des événemens. Les louanges étoient précieuses, parce qu'elles se donnoient avec connoissance : le blâme piquoit au vif les cœurs généreux, et retenoit les plus foibles dans le devoir. Les châtimens qui suivoient les mauvaises actions tenoient les soldats en crainte, pendant que les récompenses et la gloire bien dispensée les élevoit au-dessus d'eux-mêmes.

Qui peut mettre dans l'esprit des peuples la gloire, la patience dans les travaux, la grandeur de la nation, et l'amour de la patrie, peut se vanter d'avoir trouvé la constitution d'état la plus propre à produire de grands hommes. C'est sans doute les grands hommes qui font la force d'un empire. La nature ne manque pas de faire naître dans tous les pays des esprits et des courages élevés, mais il faut lui aider à les former. Ce qui les forme, ce qui les achève, ce sont des sentimens forts et de nobles impressions qui se répandent dans tous les esprits, et passent insensiblement de l'un à l'autre. Qu'est-ce qui rend notre noblesse si fière dans les combats, et si hardie dans les entreprises ? c'est l'opinion reçue dès l'enfance, et établie par le sentiment unanime de la nation, qu'un gentilhomme sans cœur se dégrade lui-même, et n'est plus digne de voir le jour. Tous les Romains étoient nourris dans ces sentimens, et le peuple disputoit avec la noblesse à qui agiroit le plus par ces vigoureuses maximes. Durant les bons temps de Rome, l'enfance même étoit exercée par les travaux : on n'y entendoit parler d'autre chose que de la grandeur du nom romain. Il falloit aller à la guerre quand la république l'ordonnoit, et là travailler sans cesse, camper hiver et été, obéir sans résistance, mourir ou vaincre. Les pères qui n'élevoient par leurs enfans dans ces maximes, et comme il falloit pour les rendre capables de servir l'état, étoient appelés en justice par les magistrats, et jugés coupables d'un attentat envers le public. Quand on a commencé à prendre ce train, les grands hommes se font les uns les autres : et si Rome en a plus porté qu'aucune autre ville qui eût été avant elle, ce n'a point été par hasard; mais c'est que l'état romain, constitué de la manière que nous avons vu, étoit, pour ainsi parler, du tempérament qui devoit être le plus fécond en héros.

Un état qui se sent ainsi formé, se sent aussi en même temps d'une force incomparable, et ne se croit jamais sans ressource. Aussi voyons-nous que les Romains n'ont jamais désespéré de leurs affaires, ni quand Porsenna, roi d'Etrurie, les affamoit dans leurs murailles; ni quand les Gaulois, après avoir brûlé leur ville inondoient tout leur pays, et les tenoient serrés dans le Capitole; ni quand Pyrrhus, roi des Epirotes, aussi habile qu'entreprenant, les effrayoit par ses éléphans, et défaisoit toutes leurs armées ; ni quand Annibal, déjà tant de fois vainqueur, leur tua encore plus de cinquante mille hommes et leur meilleure milice dans la bataille de Cannes.

Ce fut alors que le consul Térentius Varro, qui venoit de perdre par sa faute une si grande bataille, fut reçu à Rome comme s'il eût été victorieux, parce seulement que dans un si grand malheur il n'avoit point désespéré des affaires de la république. Le sénat l'en remercia publiquement, et dès-lors on résolut, selon les anciennes maximes, de n'écouter dans ce triste état aucune proposition de paix. L'ennemi fut étonné; le peuple reprit cœur, et crut avoir des ressources que le sénat connoissoit par sa prudence.

En effet, cette constance du sénat, au milieu de tant de malheurs qui arrivoient coup sur coup, ne venoit pas seulement d'une résolution opiniâtre de ne céder jamais à la fortune, mais encore d'une profonde connoissance des forces romaines et des forces ennemies. Rome savoit par son cens, c'est-à-dire par le rôle de ses citoyens toujours exactement continué depuis Servius Tullius; elle savoit, dis-je, tout ce qu'elle avoit de citoyens capables de porter les armes, et ce qu'elle pouvoit espérer de la jeunesse qui s'élevoit tous les jours. Ainsi elle ménageoit ses forces contre un ennemi qui venoit des bords de l'Afrique; que le temps devoit détruire tout seul dans un pays étranger, où les secours étoient si tardifs, et à qui ses victoires même, qui lui coûtoient tant de sang, étoient fatales. C'est pourquoi, quelque perte qui fût arrivée, le sénat, toujours instruit de ce qui lui restoit de bons soldats, n'avoit qu'à temporiser, et ne se laissoit jamais abattre. Quand, par la défaite de Cannes et par les révoltes qui suivirent, il vit les forces de la république tellement diminuées, qu'à peine eût-on pu se défendre si les ennemis eussent pressé, il se soutint par courage; et, sans se troubler de ses pertes, il se mit à regarder les démarches du vainqueur. Aussitôt qu'on eut aperçu qu'Annibal, au lieu de poursuivre sa victoire, ne songeoit durant quelque temps qu'à en jouir, le sénat se rassura, et vit bien qu'un ennemi capable de manquer à sa fortune et de se laisser éblouir par ses grands succès, n'étoit pas né pour vaincre les Romains. Dès-lors Rome fit tous les jours de plus grandes entreprises; et Annibal, tout habile, tout courageux, tout victorieux qu'il étoit, ne put tenir contre elle.

Il est aisé de juger, par ce seul événement, à qui devoit enfin demeurer tout l'avantage. Annibal, enflé de ses grands succès, crut la prise de Rome trop aisée, et se relâcha. Rome, au milieu de ses malheurs, ne perdit ni le courage ni la confiance, et entreprit de plus grandes choses que jamais. Ce fut incontinent après la défaite de Cannes qu'elle assiégea Syracuse et Capoue, l'une infidèle aux traités, et l'autre rebelle. Syracuse ne pût se défendre, ni par ses fortifications, ni par les inventions d'Archimède. L'armée victorieuse d'Annibal vint vainement au secours de Capoue. Mais les Romains firent lever à ce capitaine le siége de Nole. Un peu après, les Carthaginois défirent et tuèrent en Espagne les deux Scipions. Dans toute cette guerre, il n'étoit rien arrivé de plus sensible ni de plus funeste aux Romains. Leur perte leur fit faire les derniers efforts : le jeune Scipion, fils d'un de ces généraux, non content d'avoir relevé les affaires de Rome en Espagne, alla porter la guerre aux Carthaginois dans leur propre ville, et donna le dernier coup à leur empire.

L'état de cette ville ne permettoit pas que Scipion y trouvât la même résistance qu'Annibal trouvoit du côté de Rome ; et vous en serez convaincu si peu que vous regardiez la constitution de ces deux villes.

Rome étoit dans sa force ; et Carthage, qui avoit commencé de baisser, ne se soutenoit plus que par Annibal (1). Rome avoit son sénat uni, et c'est précisément dans ces temps que s'y est trouvé ce concert tant loué dans le livre des Machabées. Le sénat de Carthage étoit divisé par de vieilles factions irréconciliables ; et la perte d'Annibal eût fait la joie de la plus notable partie des grands seigneurs. Rome, encore pauvre et attachée à l'agriculture, nourrissoit une milice admirable, qui ne respiroit que la gloire et ne songeoit qu'à agrandir le nom romain. Carthage, enri-

---

(1) *Polyb. lib.* I, III, VI, c. 49, etc.

chie par son trafic, voyoit tous ses citoyens attachés à leurs richesses, et nullement exercés dans la guerre. Au lieu que les armées romaines étoient presque toutes composées de citoyens, Carthage, au contraire, tenoit pour maxime de n'avoir que des troupes étrangères, souvent autant à craindre à ceux qui les paient qu'à ceux contre qui on les emploie.

Ces défauts venoient en partie de la première institution de la république de Carthage, et en partie s'y étoient introduits avec le temps. Carthage a toujours aimé les richesses; et Aristote l'accuse d'y être attachée jusqu'à donner lieu à ses citoyens de les préférer à la vertu (1). Par-là une république toute faite pour la guerre, comme le remarque le même Aristote, à la fin en a négligé l'exercice. Ce philosophe ne la reprend pas de n'avoir que des milices étrangères; et il est à croire qu'elle n'est tombée que long-temps après dans ce défaut. Mais les richesses y mènent naturellement une république marchande : on veut jouir de ses biens, et on croit tout trouver dans son argent.

---

(1) *Arist.* Polit. *lib.* II, c. 11.

Carthage se croyoit forte, parce qu'elle avoit beaucoup de soldats, et n'avoit pu apprendre, par tant de révoltes arrivées dans les derniers temps, qu'il n'y a rien de plus malheureux qu'un état qui ne se soutient que par les étrangers, où il ne trouve ni zèle, ni sûreté, ni obéissance.

Il est vrai que le grand génie d'Annibal sembloit avoir remédié aux défauts de sa république. On regarde comme un prodige que, dans un pays étranger, et durant seize ans entiers, il n'ait jamais vu je ne dis pas de sédition, mais de murmure, dans une armée toute composée de peuples divers, qui sans s'entendre entre eux s'accordoient si bien à entendre les ordres de leur général (1). Mais l'habileté d'Annibal ne pouvoit pas soutenir Carthage, lorsqu'attaquée dans ses murailles par un général comme Scipion, elle se trouva sans forces. Il fallut rappeler Annibal, à qui il ne restoit plus que des troupes affoiblies plus par leurs propres victoires que par celles des Romains, et qui achevèrent de se ruiner par la longueur du voyage. Ainsi Annibal fut battu; et Car-

---

(1) *Polyb. lib.* 1, c. 17.

thage, autrefois maîtresse de toute l'Afrique, de la mer Méditerranée et de tout le commerce de l'univers, fut contrainte de subir le joug que Scipion lui imposa.

Voilà le fruit glorieux de la patience romaine. Des peuples qui s'enhardissoient et se fortifioient par leurs malheurs avoient bien raison de croire qu'on sauvoit tout, pourvu qu'on ne perdît pas l'espérance; et Polybe a très-bien conclu que Carthage devoit à la fin obéir à Rome par la seule nature des deux républiques.

Que si les Romains s'étoient servis de ces grandes qualités politiques et militaires, seulement pour conserver leur état en paix, ou pour protéger leurs alliés opprimés, comme ils en faisoient le semblant, il faudroit autant louer leur équité que leur valeur et leur prudence. Mais quand ils eurent goûté la douceur de la victoire, ils voulurent que tout leur cédât, et ne prétendirent à rien moins qu'à mettre premièrement leurs voisins et ensuite tout l'univers sous leurs lois.

Pour parvenir à ce but, ils surent parfaitement conserver leurs alliés, les unir entre eux, jeter la division et la jalousie parmi leurs ennemis, pénétrer leurs conseils, découvrir leurs intelligences, et prévenir leurs entreprises.

Ils n'observoient pas seulement les démarches de leurs ennemis, mais encore tous les progrès de leurs voisins; curieux surtout, ou de diviser, ou de contre-balancer par quelque autre endroit les puissances qui devenoient trop redoutables, ou qui mettoient de trop grands obstacles à leurs conquêtes.

Ainsi les Grecs avoient tort de s'imaginer, du temps de Polybe, que Rome s'agrandissoit plutôt par hasard que par conduite (1). Ils étoient trop passionnés pour leur nation, et trop jaloux des peuples qu'ils voyoient s'élever au-dessus d'eux: ou peut-être que, voyant de loin l'empire romain s'avancer si vite, sans pénétrer les conseils qui faisoient mouvoir ce grand corps, ils attribuoient au hasard, selon la coutume des hommes, les effets dont les causes ne leur étoient pas connues. Mais Polybe, que son étroite familiarité avec les Romains faisoit entrer si avant dans le secret des affaires, et qui observoit de si près la politique romaine durant les guerres

---

(1) Polyb. lib. 1, c. 63.

puniques, a été plus équitable que les autres Grecs, et a vu que les conquêtes de Rome étoient la suite d'un dessein bien entendu. Car il voyoit les Romains, du milieu de la mer Méditerranée, porter leurs regards partout aux environs jusqu'aux Espagnes et jusqu'en Syrie; observer ce qui s'y passoit; s'avancer régulièrement et de proche en proche; s'affermir avant que de s'étendre; ne se point charger de trop d'affaires; dissimuler quelque temps, et se déclarer à propos; attendre qu'Annibal fût vaincu pour désarmer Philippe, roi de Macédoine, qui l'avoit favorisé; après avoir commencé l'affaire, n'être jamais las ni contens jusqu'à ce que tout fût fait; ne laisser aux Macédoniens aucun moment pour se reconnoître; et, après les avoir vaincus, rendre, par un décret public, à la Grèce si long-temps captive, la liberté à laquelle elle ne pensoit plus; par ce moyen répandre d'un côté la terreur, et de l'autre la vénération de leur nom : c'en étoit assez pour conclure que les Romains ne s'avançoient pas à la conquête du monde par hasard, mais par conduite.

C'est ce qu'a vu Polybe dans le temps des progrès de Rome. Denys d'Halicarnasse, qui a écrit après l'établissement de l'empire et du temps d'Auguste, a conclu la même chose (1), en reprenant dès leur origine les anciennes institutions de la république romaine, si propres de leur nature à former un peuple invincible et dominant. Vous en avez assez vu pour entrer dans les sentimens de ces sages historiens, et pour condamner Plutarque, qui, toujours trop passionné pour ses Grecs, attribue à la seule fortune la grandeur romaine, et à la seule vertu celle d'Alexandre (2).

Mais plus ces historiens font voir de dessein dans les conquêtes de Rome, plus ils y montrent d'injustice. Ce vice est inséparable du désir de dominer, qui aussi pour cette raison est justement condamné par les règles de l'Evangile. Mais la seule philosophie suffit pour nous faire entendre que la force nous est donnée pour conserver notre bien, et non pour usurper celui d'autrui. Cicéron l'a reconnu; et les règles qu'il a données pour faire la

---

(1) *Dion. Hal.* Ant. Rom. *lib.* I, II. — (2) *Plut. lib.* de fort. Alex. *et* de fort. Rom.

guerre (1), sont une manifeste condamnation de la conduite des Romains.

Il est vrai qu'ils parurent assez équitables au commencement de leur république. Il sembloit qu'ils vouloient eux-mêmes modérer leur humeur guerrière, en la resserrant dans les bornes que l'équité prescrivoit. Qu'y a-t-il de plus beau et de plus saint que le collége des féciaux, soit que Numa en soit le fondateur, comme le dit Denys d'Halicarnasse (2), ou que ce soit Ancus Martius, comme le veut Tite-Live (3)? Ce conseil étoit établi pour juger si une guerre étoit juste: avant que le sénat la proposât, ou que le peuple la résolût, cet examen d'équité précédoit toujours. Quand la justice de la guerre étoit reconnue, le sénat prenoit ses mesures pour l'entreprendre : mais on envoyoit, avant toutes choses, redemander dans les formes à l'usurpateur les choses injustement ravies, et on n'en venoit aux extrémités qu'après avoir épuisé les voies de douceur : sainte institution

---

(1) *Cic.* de Off. *lib.* 1, cap. 11, 22; *lib.* III, c. 25. — (2) *Dion. Hal.* Ant. Rom. *lib.* II, c. 19. — (3) *Tit. Liv. lib.* 1. c. 32.

s'il en fut jamais, et qui fait honte aux Chrétiens, à qui un Dieu, venu au monde pour pacifier toutes choses, n'a pu inspirer la charité et la paix. Mais que servent les meilleures institutions, quand enfin elles dégénèrent en pures cérémonies? La douceur de vaincre et de dominer corrompit bientôt dans les Romains ce que l'équité naturelle leur avoit donné de droiture. Les délibérations des féciaux ne furent plus parmi eux qu'une formalité inutile; et, encore qu'ils exerçassent envers leurs plus grands ennemis des actions de grande équité, et même de grande clémence, l'ambition ne permettoit pas à la justice de régner dans leurs conseils.

Au reste, leurs injustices étoient d'autant plus dangereuses, qu'ils savoient mieux les couvrir du prétexte spécieux de l'équité, et qu'ils mettoient sous le joug insensiblement les rois et les nations, sous couleur de les protéger et de les défendre.

Ajoutons encore qu'ils étoient cruels à ceux qui leur résistoient : autre qualité assez naturelle aux conquérans, qui savent que l'épouvante fait plus de la moitié des conquêtes. Faut-il dominer à ce prix? et le commandement est-il si doux, que les hommes le veuillent acheter par des actions si inhumaines? Les Romains, pour répandre partout la terreur, affectoient de laisser dans les villes prises des spectacles terribles de cruauté (1), et de paroître impitoyables à qui attendoit la force, sans même épargner les rois, qu'ils faisoient mourir inhumainement, après les avoir menés en triomphe chargés de fers, et traînés à des chariots comme des esclaves.

Mais s'ils étoient cruels et injustes pour conquérir, ils gouvernoient avec équité les nations subjuguées. Ils tâchoient de faire goûter leur gouvernement aux peuples soumis, et croyoient que c'étoit le meilleur moyen de s'assurer leurs conquêtes. Le sénat tenoit en bride les gouverneurs, et faisoit justice aux peuples. Cette compagnie étoit regardée comme l'asile des oppressés : aussi les concussions et les violences ne furent-elles connues parmi les Romains que dans les derniers temps de la république, et jusqu'à ce temps là la retenue de leurs magistrats étoit l'admiration de toute la terre.

---

(1) Polyb. lib. x, c. 15.

Ce n'étoient donc pas de ces conquérans brutaux et avares, qui ne respirent que le pillage, ou qui établissent leur domination sur la ruine des pays vaincus. Les Romains rendoient meilleurs tous ceux qu'ils prenoient, en y faisant fleurir la justice, l'agriculture, le commerce, les arts même et les sciences, après qu'ils les eurent une fois goûtées.

C'est ce qui leur a donné l'empire le plus florissant et le mieux établi, aussi-bien que le plus étendu qui fut jamais. Depuis l'Euphrate et le Tanaïs jusqu'aux Colonnes d'Hercule et à la mer Atlantique, toutes les terres et toutes les mers leur obéissoient : du milieu et comme du centre de la mer Méditerranée, ils embrassoient toute l'étendue de cette mer, pénétrant au long et au large tous les états d'alentour, et la tenant entre deux pour faire la communication de leur empire. On est encore effrayé quand on considère que les nations qui font à présent des royaumes si redoutables, toutes les Gaules, toutes les Espagnes, la Grande-Bretagne presque tout entière, l'Illyrique jusqu'au Danube, la Germanie jusqu'à l'Elbe, l'Afrique jusqu'à ses déserts affreux et impénétrables, la Grèce, la Thrace, la

Syrie, l'Egypte, tous les royaumes de l'Asie mineure, et ceux qui sont enfermés entre le Pont-Euxin et la mer Caspienne, et les autres que j'oublie peut-être, ou que je ne veux pas rapporter, n'ont été durant plusieurs siècles que des provinces romaines. Tous les peuples de notre monde, jusqu'aux plus barbares, ont respecté leur puissance; et les Romains y ont établi presque partout, avec leur empire, les lois et la politesse.

C'est une espèce de prodige, que dans un si vaste empire, qui embrassoit tant de nations et tant de royaumes, les peuples aient été si obéissans et les révoltes si rares. La politique romaine y avoit pourvu par divers moyens qu'il faut vous expliquer en peu de mots.

Les colonies romaines, établies de tous côtés dans l'empire, faisoient deux effets admirables : l'un, de décharger la ville d'un grand nombre de citoyens, et la plupart pauvre; l'autre, de garder les postes principaux, et d'accoutumer peu à peu les peuples étrangers aux mœurs romaines.

Ces colonies, qui portoient avec elles leurs priviléges, demeuroient toujours attachées au corps de la république, et peuploient tout l'empire de Romains.

Mais outre les colonies, un grand nombre de villes obtenoient pour leurs citoyens le droit de citoyens romains; et unies par leur intérêt au peuple dominant, elles tenoient dans le devoir les villes voisines.

Il arriva à la fin que tous les sujets de l'empire se crurent Romains. Les honneurs du peuple victorieux peu à peu se communiquèrent aux peuples vaincus : le sénat leur fut ouvert, et ils pouvoient aspirer jusqu'à l'empire. Ainsi, par la clémence romaine, toutes les nations n'étoient plus qu'une seule nation, et Rome fut regardée comme la commune patrie.

Quelle facilité n'apportoit pas à la navigation et au commerce cette merveilleuse union de tous les peuples du monde sous un même empire ? La société romaine embrassoit tout; et à la réserve de quelques frontières, inquiétées quelquefois par les voisins, tout le reste de l'univers jouissoit d'une paix profonde. Ni la Grèce, ni l'Asie mineure, ni la Syrie, ni l'Egypte, ni enfin la plupart des autres provinces n'ont jamais été sans guerre que sous l'empire romain; et il est aisé d'entendre qu'un commerce si agréable des nations servoit à maintenir dans tout le corps de l'empire la concorde et l'obéissance.

Les légions, distribuées pour la garde des frontières, en défendant le dehors, affermissoient le dedans. Ce n'étoit pas la coutume des Romains d'avoir des citadelles dans leurs places, ni de fortifier leurs frontières; et je ne vois guère commencer ce soin que sous Valentinien I. Auparavant on mettoit la force et la sûreté de l'empire uniquement dans les troupes, qu'on disposoit de manière qu'elles se prêtoient la main les unes les autres. Au reste, comme l'ordre étoit qu'elles campassent toujours, les villes n'en étoient point incommodées; et la discipline ne permettoit pas aux soldats de se répandre dans la campagne. Ainsi les armées romaines ne troubloient ni le commerce ni le labourage. Elles faisoient dans leur camp comme une espèce de villes, qui ne différoient des autres que parce que les travaux y étoient continuels, la discipline plus sévère, et le commandement plus ferme. Elles étoient toujours prêtes pour le moindre mouvement; et c'étoit assez pour tenir les peuples dans le devoir, que de leur montrer seulement dans le voisinage cette milice invincible.

Mais rien ne maintenoit tant la paix de l'empire, que l'ordre de la justice. L'ancienne république l'avoit établi : les empereurs et les sages l'ont expliqué sur les mêmes fondemens : toutes les peuples, jusqu'aux plus barbares, le regardoient avec admiration, et c'est par là principalement que les Romains étoient jugés dignes d'être les maîtres du monde. Au reste, si les lois romaines ont paru si saintes, que leur majesté subsiste encore malgré la ruine de l'empire, c'est que le bon sens, qui est le maître de la vie humaine, y règne partout, et qu'on ne voit nulle part une plus belle application des principes de l'équité naturelle.

Malgré cette grandeur du nom romain, malgré la politique profonde et toutes les belles institutions de cette fameuse république, elle portoit en son sein la cause de sa ruine, dans la jalousie perpétuelle du peuple contre le sénat, ou plutôt des plébéiens contre les patriciens. Romulus avoit établi cette distinction (1). Il falloit bien que les rois eussent des gens distingués qu'ils attachassent à leur

---

(1) *Dion. Hal. lib.* II, c. 4.

personne par des liens particuliers, et par lesquels ils gouvernassent le reste du peuple. C'est pour cela que Romulus choisit les pères, dont il forma le corps du sénat. On les appeloit ainsi, à cause de leur dignité et de leur âge; et c'est d'eux que sont sorties les familles patriciennes. Au reste, quelque autorité que Romulus eût réservée au peuple, il avoit mis les plébéiens en plusieurs manières dans la dépendance des patriciens; et cette subordination nécessaire à la royauté avoit été conservée, non-seulement sous les rois, mais encore dans la république. C'étoit parmi les patriciens qu'on prenoit toujours les sénateurs. Aux patriciens appartenoient les emplois, les commandemens, les dignités, même celle du sacerdoce; et les pères, qui avoient été les auteurs de la liberté, n'abandonnèrent pas leurs prérogatives. Mais la jalousie se mit bientôt entre les deux ordres. Car je n'ai pas besoin de parler ici des chevaliers romains, troisième ordre comme mitoyen entre les patriciens et le simple peuple, qui prenoit tantôt un parti et tantôt l'autre. Ce fut donc entre ces deux ordres que se mit la jalousie: elle se réveilloit en diverses occasions, mais la cause profonde qui l'entretenoit étoit l'amour de la liberté.

La maxime fondamentale de la république étoit de regarder la liberté comme une chose inséparable du nom romain. Un peuple nourri dans cet esprit, disons plus, un peuple qui se croyoit né pour commander aux autres peuples, et que Virgile pour cette raison appelle si noblement un peuple-roi, ne vouloit recevoir de loi que de lui-même.

L'autorité du sénat étoit jugée nécessaire pour modérer les conseils publics, qui, sans ce tempérament, eussent été trop tumultueux. Mais, au fond, c'étoit au peuple à donner les commandemens; à établir les lois, à décider de la paix et de la guerre. Un peuple qui jouissoit des droits les plus essentiels de la royauté entroit en quelque sorte dans l'humeur des rois. Il vouloit bien être conseillé, mais non pas forcé par le sénat. Tout ce qui paroissoit trop impérieux, tout ce qui s'élevoit au-dessus des autres, en un mot, tout ce qui blessoit ou sembloit blesser l'égalité que demande un état libre, devenoit suspect à ce peuple délicat. L'amour de la liberté, celui de la gloire et des conquêtes rendoit de tels esprits difficiles à manier ; et cette audace, qui leur faisoit tout entreprendre au dehors, ne pouvoit manquer de porter la division au dedans.

Ainsi Rome, si jalouse de sa liberté, par cet amour de la liberté qui étoit le fondement de son état, a vu la division se jeter entre tous les ordres dont elle étoit composée. De là ces jalousies furieuses entre le sénat et le peuple, entre les patriciens et les plébéiens, les uns alléguant toujours que la liberté excessive se détruit enfin elle-même ; et les autres craignant, au contraire, que l'autorité, qui de sa nature croît toujours, ne dégénérât enfin en tyrannie.

Entre ces deux extrémités un peuple d'ailleurs si sage ne put trouver le milieu. L'intérêt particulier, qui fait que de part ou d'autre on pousse plus loin qu'il ne faut même ce qu'on a commencé pour le bien public, ne permettoit pas qu'on demeurât dans des conseils modérés. Les esprits ambitieux et remuans excitoient les jalousies pour s'en prévaloir ; et ces jalousies tantôt plus couvertes, et tantôt plus déclarées, selon les temps, mais toujours vivantes dans le fond des cœurs, ont enfin causé ce grand changement qui arriva du temps de César, et les autres qui ont suivi.

CHAPITRE VII.

La suite des changemens de Rome est expliquée.

Il vous sera aisé d'en découvrir toutes les causes, si, après avoir bien compris l'humeur des Romains et la constitution de leur république, vous prenez soin d'observer un certain nombre d'événemens principaux, qui, quoique arrivés en des temps assez éloignés, ont une liaison manifeste. Les voici ramassés ensemble pour une plus grande facilité.

Romulus, nourri dans la guerre et réputé fils de Mars, bâtit Rome, qu'il peupla de gens ramassés, bergers, esclaves, voleurs, qui étoient venus chercher la franchise et l'impunité dans l'asile qu'il avoit ouvert à tous venans : il en vint aussi quelques-uns plus qualifiés et plus honnêtes.

Il nourrit ce peuple farouche dans l'esprit de tout entreprendre par la force, et ils eurent par ce moyen jusqu'aux femmes qu'ils épousèrent.

Peu à peu il établit l'ordre, et réprima les esprits par des lois très-saintes. Il commença par la religion, qu'il regarda comme le fondement des états (1). Il la fit aussi sérieuse, aussi grave, et aussi modeste que les ténèbres de l'idolâtrie le pouvoient permettre. Les religions étrangères et les sacrifices qui n'étoient pas établis par les coutumes romaines furent défendus. Dans la suite, on se dispensa de cette loi; mais c'étoit l'intention de Romulus qu'elle fût gardée, et on en retint toujours quelque chose.

Il choisit parmi tout le peuple ce qu'il y avoit de meilleur, pour en former le conseil public, qu'il appela le sénat. Il le composa de deux ou trois cents sénateurs, dont le nombre fut encore après augmenté; et de là sortirent les familles nobles, qu'on appeloit patriciennes. Les autres s'appeloient les plébéiens, c'est-à-dire le commun peuple.

Le sénat devoit diriger et proposer toutes les affaires : il en régloit quelques-unes souverainement avec le roi; mais les

---

(1) *Dion. Hal. lib.* II, c. 16.

plus générales étoient rapportées au peuple, qui en décidoit.

Romulus, dans une assemblée où il survint tout à coup un grand orage, fut mis en pièces par les sénateurs, qui le trouvoient trop impérieux; et l'esprit d'indépendance commença dès-lors à paroître dans cet ordre.

Pour apaiser le peuple, qui aimoit son prince, et donner une grande idée du fondateur de la ville, les sénateurs publièrent que les dieux l'avoient enlevé au ciel, et lui firent dresser des autels.

Numa Pompilius, second roi, dans une longue et profonde paix, acheva de former les mœurs, et de régler la religion sur les mêmes fondemens que Romulus avoit posés.

Tullus Hostilius établit, par de sévères réglemens la discipline militaire et les ordres de la guerre, que son successeur Ancus Martius accompagna de cérémonies sacrées, afin de rendre la milice sainte et religieuse.

Après lui, Tarquin l'Ancien, pour se faire des créatures, augmenta le nombre des sénateurs jusqu'au nombre de trois cents, où ils demeurèrent fixés durant plusieurs siècles, et commença les grands ouvrages qui devoient servir à la commodité publique.

Servius Tullius projeta l'établissement d'une république sous le commandement de deux magistrats annuels qui seroient choisis par le peuple.

En haine de Tarquin le Superbe, la royauté fut abolie, avec des exécrations horribles contre tous ceux qui entreprendroient de la rétablir; et Brutus fit jurer au peuple qu'il se maintiendroit éternellement dans sa liberté.

Les mémoires de Servius Tullius furent suivis dans ce changement. Les consuls, élus par le peuple entre les patriciens, étoient égalés aux rois, à la réserve qu'ils étoient deux qui avoient entre eux un tour réglé pour commander, et qu'ils changeoient tous les ans.

Collatin, nommé consul avec Brutus, comme ayant été avec lui l'auteur de la liberté, quoique mari de Lucrèce, dont la mort avoit donné lieu au changement, et intéressé plus que tous les autres à la vengeance de l'outrage qu'elle avoit reçu, devint suspect, parce qu'il étoit de la famille royale, et fut chassé.

Valère, substitué à sa place, au retour d'une expédition où il avoit délivré sa patrie des Véientes et des Étruriens, fut soupçonné par le peuple d'affecter la tyrannie, à cause d'une maison qu'il faisoit bâtir sur une éminence. Non-seulement il cessa de bâtir, mais devenu tout populaire, quoique patricien, il établit la loi qui permet d'appeler au peuple, et lui attribue en certains cas le jugement en dernier ressort.

Par cette nouvelle loi, la puissance consulaire fut affoiblie dans son origine, et le peuple étendit ses droits.

A l'occasion des contraintes qui s'exécutoient pour dettes par les riches contre les pauvres, le peuple, soulevé contre la puissance des consuls et du sénat, fit cette retraite fameuse au mont Aventin.

Il ne se parloit que de liberté dans ces assemblées; et le peuple romain ne se crut pas libre s'il n'avoit des voies légitimes pour résister au sénat (1). On fut contraint de lui accorder des magistrats particuliers, appelés tribuns du peuple, qui pussent l'assembler, et le secourir contre l'autorité des consuls, par opposition, ou par appel.

---

(1) *Dion. Hal. lib.* VI, *cap.* 8 *et seq.*

Ces magistrats, pour s'autoriser, nourrissoient la division entre les deux ordres, et ne cessoient de flatter le peuple, en proposant que les terres des pays vaincus, ou le prix qui proviendroit de leur vente, fût partagé entre les citoyens.

Le sénat s'opposoit toujours constamment à ces lois ruineuses à l'état, et vouloit que le prix des terres fût adjugé au trésor public.

Le peuple se laissoit conduire à ses magistrats séditieux, et conservoit néanmoins assez d'équité pour admirer la vertu des grands hommes qui lui résistoient.

Contre ces dissensions domestiques, le sénat ne trouvoit point de meilleur remède que de faire naître continuellement des occasions de guerres étrangères. Elles empêchoient les divisions d'être poussées à l'extrémité, et réunissoient les ordres dans la défense de la patrie.

Pendant que les guerres réussissent, et que les conquêtes s'augmentent, les jalousies se réveillent.

Les deux partis, fatigués de tant de divisions qui menaçoient l'état de sa ruine, conviennent de faire des lois, pour donner le repos aux uns et aux autres, et établir l'égalité qui doit être dans une ville libre.

Chacun des ordres prétend que c'est à lui qu'appartient l'établissement de ces lois.

La jalousie, augmentée par ces prétentions, fait qu'on résout d'un commun accord une ambassade en Grèce pour y rechercher les institutions des villes de ce pays, et surtout les lois de Solon, qui étoient les plus populaires. Les lois des Douze Tables sont établies ; mais les décemvirs, qui les rédigèrent, furent privés du pouvoir dont ils abusoient.

Pendant que tout est tranquille, et que des lois si équitables semblent établir pour jamais le repos public, les dissensions se réchauffent par les nouvelles prétentions du peuple, qui aspire aux honneurs, et au consulat réservé jusqu'alors au premier ordre.

La loi pour les y admettre est proposée. Plutôt que de rabaisser le consulat, les pères consentent à la création de trois nouveaux magistrats, qui auroient l'autorité des consuls sous le nom de tribuns militaires, et le peuple est admis à cet honneur.

Content d'établir son droit, il use modérément de sa victoire, et continue quelque temps à donner le commandement aux seuls patriciens.

Après de longues disputes, on revient au consulat, et peu à peu les honneurs deviennent communs entre les deux ordres, quoique les patriciens soient toujours plus considérés dans les élections.

Les guerres continuent, et les Romains soumettent, après cinq cents ans, les Gaulois Cisalpins, leurs principaux ennemis, et toute l'Italie (1).

Là commencent les guerres puniques; et les choses en viennent si avant, que chacun de ces deux peuples jaloux croit ne pouvoir subsister que par la ruine de l'autre.

Rome, près de succomber, se soutient principalement, durant ses malheurs, par la constance et par la sagesse du sénat.

A la fin la patience romaine l'emporte : Annibal est vaincu, et Carthage subjuguée par Scipion l'Africain.

Rome victorieuse s'étend prodigieusement, durant deux cents ans, par mer et par terre, et réduit tout l'univers sous sa puissance.

---

(1) *App. Præf. op.*

En ces temps, et depuis la ruine de Carthage, les charges, dont la dignité aussi-bien que le profit s'augmentoit avec l'empire, furent briguées avec fureur. Les prétendans ambitieux ne songèrent qu'à flatter le peuple; et la concorde des ordres, entretenue par l'occupation des guerres puniques, se troubla plus que jamais. Les Gracques mirent tout en confusion, et leurs séditieuses propositions furent le commencement de toutes les guerres civiles.

Alors on commença à porter des armes, et à agir par la force ouverte dans les assemblées du peuple romain, où chacun auparavant vouloit l'emporter par les seules voies légitimes, et avec la liberté des opinions (1).

La sage conduite du sénat et les grandes guerres modérèrent les brouilleries.

Marius, plébéien, grand homme de guerre, avec son éloquence militaire et ses harangues séditieuses où il ne cessoit d'attaquer l'orgueil de la noblesse, réveilla la jalousie du peuple, et s'éleva par ce moyen aux plus grands honneurs.

---

(1) *Vell. Paterc. lib.* II, *cap.* 3.

Sylla, patricien, se mit à la tête du parti contraire, et devint l'objet de la jalousie de Marius.

Les brigues et la corruption peuvent tout dans Rome. L'amour de la patrie et le respect des lois s'y éteignent.

Pour comble de malheurs, les guerres d'Asie apprennent le luxe aux Romains, et augmentent l'avarice.

En ce temps, les généraux commencèrent à s'attacher leurs soldats, qui ne regardoient en eux jusqu'alors que le caractère de l'autorité publique.

Sylla, dans la guerre contre Mithridate, laissoit enrichir ses soldats pour les gagner.

Marius, de son côté, proposoit à ses partisans des partages d'argent et de terre.

Par ce moyen, maîtres de leurs troupes, l'un sous prétexte de soutenir le sénat, et l'autre sous le nom du peuple, ils se firent une guerre furieuse jusque dans l'enceinte de la ville.

Le parti de Marius et du peuple fut tout-à-fait abattu, et Sylla se rendit souverain sous le nom de dictateur.

Il fit des carnages effroyables, et traita durement le peuple, et par voies de fait et de paroles, jusque dans les assemblées légitimes.

Plus puissant et mieux établi que jamais, il se réduisit de lui-même à la vie privée, mais après avoir fait voir que le peuple romain pouvoit souffrir un maître.

Pompée, que Sylla avoit élevé, succéda à une grande partie de sa puissance. Il flattoit tantôt le peuple et tantôt le sénat pour s'établir : mais son inclination et son intérêt l'attachèrent enfin au dernier parti.

Vainqueur des pirates, des Espagnes et de tout l'Orient, il devient tout-puissant dans la république et principalement dans le sénat.

César, qui veut du moins être son égal, se tourne du côté du peuple, et imitant dans son consulat les tribuns les plus séditieux, il propose avec des partages de terres les lois les plus populaires qu'il put inventer.

La conquête des Gaules porte au plus haut point la gloire et la puissance de César.

Pompée et lui s'unissent par intérêt, et puis se brouillent par jalousie. La guerre civile s'allume. Pompée croit que son seul nom soutiendra tout, et se néglige. César actif et prévoyant remporte la victoire, et se rend le maître.

Il fait diverses tentatives pour voir si les Romains pourroient s'accoutumer au nom de roi. Elles ne servent qu'à le rendre odieux. Pour augmenter la haine publique, le sénat lui décerne des honneurs jusqu'alors inouis dans Rome : de sorte qu'il est tué en plein sénat comme un tyran.

Antoine, sa créature, qui se trouva consul au temps de sa mort, émut le peuple contre ceux qui l'avoient tué, et tâcha de profiter des brouilleries pour usurper l'autorité souveraine. Lépidus, qui avoit aussi un grand commandement sous César, tâcha de le maintenir. Enfin le jeune César, à l'âge de dix-neuf ans, entreprit de venger la mort de son père, et chercha l'occasion de succéder à sa puissance.

Il sut se servir, pour ses intérêts, des ennemis de sa maison, et même de ses concurrens.

Les troupes de son père se donnèrent à lui, touchées du nom de César et des largesses prodigieuses qu'il leur fit.

Le sénat ne peut plus rien : tout se fait

par la force et par les soldats, qui se livrent à qui plus leur donne.

Dans cette funeste conjoncture, le triumvirat abattit tout ce que Rome nourrissoit de plus courageux, de plus opposé à la tyrannie. César et Antoine défirent Brutus et Cassius : la liberté expira avec eux. Les vainqueurs, après s'être défaits du foible Lépide, firent divers accords et divers partages, où César, comme plus habile, trouvant toujours le moyen d'avoir la meilleure part, mit Rome dans ses intérêts, et prit le dessus. Antoine entreprend en vain de se relever, et la bataille Actiaque soumet tout l'empire à la puissance d'Auguste César.

Rome, fatiguée et épuisée par tant de guerres civiles, pour avoir du repos, est contrainte de renoncer à sa liberté.

La maison des Césars, s'attachant, sous le grand nom d'empereur, le commandement des armées, exerce une puissance absolue.

Rome, sous les Césars, plus soigneuse de se conserver que de s'étendre, ne fait presque plus de conquêtes que pour éloigner les Barbares, qui vouloient entrer dans l'empire.

A la mort de Caligula, le sénat, sur le point de rétablir la liberté et la puissance consulaire, en est empêché par les gens de guerre, qui veulent un chef perpétuel, et que leur chef soit le maître.

Dans les révoltes causées par les violences de Néron, chaque armée élit un empereur; et les gens de guerre connoissent qu'ils sont maîtres de donner l'empire.

Ils s'emportent jusqu'à le vendre publiquement au plus offrant, et s'accoutument à secouer le joug. Avec l'obéissance, la discipline se perd. Les bons princes s'obstinent en vain à la conserver; et leur zèle pour maintenir l'ancien ordre de la milice romaine ne sert qu'à les exposer à la fureur des soldats.

Dans les changemens d'empereur, chaque armée entreprenant de faire le sien, il arrive des guerres civiles et des massacres effroyables.

Ainsi l'empire s'énerve par le relâchement de la discipline, et tout ensemble il s'épuise par tant de guerres intestines.

Au milieu de tant de désordres, la crainte et la majesté du nom romain diminue. Les Parthes souvent vaincus deviennent redoutables du côté de l'orient sous l'ancien nom de Perses, qu'ils reprennent. Les nations septentrionales, qui habitoient des terres froides et incultes, attirées par la beauté et par la richesse de celles de l'empire, en tentent l'entrée de toutes parts.

Un seul homme ne suffit plus à soutenir e fardeau d'un empire si vaste et si fortement attaqué.

La prodigieuse multitude des guerres, et l'humeur des soldats, qui vouloient voir à leur tête des empereurs et des césars, oblige à les multiplier.

L'empire même étant regardé comme un bien héréditaire, les empereurs se multiplient naturellement par la multitude des enfans des princes.

Marc Aurèle associe son frère à l'empire. Sévère fait ses deux enfans empereurs. La nécessité des affaires oblige Dioclétien à partager l'Orient et l'Occident entre lui et Maximien : chacun d'eux surchargé se soulage en élisant deux césars.

Par cette multitude d'empereurs et de césars, l'état est accablé d'une dépense excessive, le corps de l'empire est désuni, et les guerres civiles se multiplient

Constantin, fils de l'empereur Constantius Chlorus, partage l'empire comme un héritage entre ses enfans : la postérité suit ces exemples, et on ne voit presque plus un seul empereur.

La mollesse d'Honorius et celle de Valentinien III, empereurs d'Occident, fait tout périr.

L'Italie et Rome même sont saccagées à diverses fois, et deviennent la proie des Barbares.

Tout l'Occident est à l'abandon. L'Afrique est occupée par les Vandales, l'Espagne par les Visigoths, la Gaule par les Francs, la Grande-Bretagne par les Saxons, Rome et l'Italie même par les Hérules, et ensuite par les Ostrogoths. Les empereurs romains se renferment dans l'Orient, et abandonnent le reste, même Rome et l'Italie.

L'Empire reprend quelque force sous Justinien par la valeur de Bélisaire et de Narsès. Rome, souvent prise et reprise, demeure enfin aux empereurs. Les Sarrasins, devenus puissans par la division de leurs voisins, et par la nonchalance des empereurs, leur enlèvent la plus grande partie de l'Orient, et les tourmentent tellement de ce côté-là, qu'ils ne songent plus à l'Italie. Les Lombards y occupent les plus belles et les plus riches provinces. Rome, réduite à l'extrémité par leurs entreprises continuelles et demeurée sans défense du côté de ses empereurs, est contrainte de se jeter entre les bras des Français. Pepin, roi de France, passe les monts, et réduit les Lombards. Charlemagne, après en avoir éteint la domination, se fait couronner roi d'Italie, où sa seule modération conserve quelques petits restes aux successeurs des Césars, et en l'an 800 de notre Seigneur, élu empereur par les Romains, il fonde le nouvel empire.

Il est maintenant aisé de connoître les causes de l'élévation et de la chute de Rome.

Vous voyez que cet état, fondé sur la guerre et par là naturellement disposé à empiéter sur ses voisins, a mis tout l'univers sous le joug, pour avoir porté au plus haut point la politique et l'art militaire.

Vous voyez les causes des divisions de la république et finalement de sa chute, dans les jalousies de ses citoyens et dans l'amour de la liberté poussée jusqu'à un excès et une délicatesse insupportable.

Vous n'avez plus de peine à distinguer tous les temps de Rome, soit que vous vouliez la considérer en elle-même, soit que vous la regardiez par rapport aux autres peuples ; et vous voyez les changemens qui devoient suivre la disposition des affaires en chaque temps.

En elle-même vous la voyez au commencement dans un état monarchique établi selon ses lois primitives, ensuite dans sa liberté, et enfin soumise encore une fois au gouvernement monarchique, mais par force et par violence.

Il est aisé de concevoir de quelle sorte s'est formé l'état populaire, ensuite des commencemens qu'il avoit dès les temps de la royauté ; et vous ne voyez pas dans une moindre évidence, comment dans la liberté s'établissoient peu à peu les fondemens de la nouvelle monarchie.

Car de même que vous avez vu le projet de république dressé dans la monarchie par Servius Tullius, qui donna comme un premier goût de la liberté au peuple romain, vous avez aussi observé que la tyrannie de Sylla, quoique passagère, quoique courte, a fait voir que Rome, malgré sa fierté, étoit autant capable de porter le joug que les peuples qu'elle tenoit asservis.

Pour connoître ce qu'a opéré successivement cette jalousie furieuse entre les ordres, vous n'avez qu'à distinguer les deux temps que je vous ai expressément marqués : l'un, où le peuple étoit retenu dans certaines bornes par les périls qui l'environnoient de tous côtés; et l'autre, où n'ayant plus rien à craindre au dehors, il s'est abandonné sans réserve à sa passion.

Le caractère essentiel de chacun de ces deux temps est que dans l'un l'amour de la patrie et des lois retenoit les esprits, et que dans l'autre tout se décidoit par l'intérêt et par la force.

De là s'ensuivoit encore que, dans le premier de ces deux temps, les hommes de commandement, qui aspiroient aux honneurs par les moyens légitimes, tenoient les soldats en bride et attachés à la république, au lieu que dans l'autre temps, où la violence emportoit tout, ils ne songeoient qu'à les ménager, pour les faire entrer dans leurs desseins malgré l'autorité du sénat.

Par ce dernier état la guerre étoit nécessairement dans Rome, et par le génie de la guerre le commandement venoit naturellement entre les mains d'un seul chef : mais, parce que dans la guerre, où les lois ne peuvent plus rien, la seule force décide, il falloit que le plus fort demeurât le maître ; par conséquent que l'empire retournât en la puissance d'un seul.

Et les choses s'y disposoient tellement par elles-mêmes, que Polybe, qui a vécu dans le temps le plus florissant de la république, a prévu, par la seule disposition des affaires, que l'état de Rome à la longue reviendroit à la monarchie (1).

La raison de ce changement est que la division entre les ordres n'a pu cesser parmi les Romains que par l'autorité d'un maître absolu, et que d'ailleurs la liberté étoit trop aimée pour être abandonnée volontairement. Il falloit donc peu à peu l'affoiblir par des prétextes spécieux, et faire par ce moyen qu'elle pût être ruinée par la force ouverte.

La tromperie, selon Aristote (2), devoit commencer en flattant le peuple, et devoit naturellement être suivie de la violence.

Mais de là on devoit tomber dans un autre inconvénient par la puissance des gens de guerre, mal inévitable à cet état.

En effet, cette monarchie que formèrent

---

(1) *Polyb. lib.* VI, c. 1 *et seq. c.* 41 *et seq.*
(2) *Polit. lib.* V, c. 4.

les césars s'étant érigée par les armes, il falloit qu'elle fût toute militaire; et c'est pourquoi elle s'établit sous le nom d'empereur, titre propre et naturel du commandement des armées.

Par là vous avez pu voir que comme la république avoit son foible inévitable, c'est-à-dire la jalousie entre le peuple et le sénat, la monarchie des césars avoit aussi le sien; et ce foible étoit la licence des soldats qui les avoient faits.

Car il n'étoit pas possible que les gens de guerre, qui avoient changé le gouvernement et établi les empereurs, fussent long-temps sans s'apercevoir que c'étoient eux en effet qui disposoient de l'empire.

Vous pouvez maintenant ajouter aux temps que vous venez d'observer ceux qui vous marquent l'état et le changement de la milice; celui où elle est soumise et attachée au sénat et au peuple romain; celui où elle s'attache à ses généraux; celui où elle les élève à la puissance absolue sous le titre militaire d'empereurs; celui où, maîtresse en quelque façon de ses propres empereurs, qu'elle créoit, elle les fait et les défait à sa fantaisie. De là le relâchement; de là les séditions et les guerres que vous avez vues; de là enfin la ruine de la milice avec celle de l'empire.

Tels sont les temps remarquables qui nous marquent les changemens de l'état de Rome considérée en elle-même. Ceux qui nous la font connoître par rapport aux autres peuples ne sont pas moins aisés à discerner.

Il y a le temps où elle combat entre ses égaux, et où elle est en péril. Il dure un peu plus de cinq cents ans, et finit à la ruine des Gaulois en Italie et de l'empire des Carthaginois.

Celui où elle combat, toujours plus forte et sans péril, quelque grandes que soient les guerres qu'elle entreprenne. Il dure deux cents ans, et va jusqu'à l'établissement de l'empire des césars.

Celui où elle conserve son empire et sa majesté. Il dure quatre cents ans, et finit au règne de Théodose le Grand.

Celui enfin où son empire, entamé de toutes parts, tombe peu à peu. Cet état, qui dure aussi quatre cents ans, commence aux enfans de Théodose, et se termine enfin à Charlemagne.

Je n'ignore pas, Monseigneur, qu'on pourroit ajouter aux causes de la ruine de Rome beaucoup d'incidens particuliers.

Les rigueurs des créanciers sur leurs débiteurs ont excité de grandes et de fréquentes révoltes. La prodigieuse quantité de gladiateurs et d'esclaves, dont Rome et l'Italie étoit surchargée, ont causé d'effroyables violences, et même des guerres sanglantes. Rome, épuisée par tant de guerres civiles et étrangères, se fit tant de nouveaux citoyens, ou par brigue ou par raison, qu'à peine pouvoit-elle se reconnoître elle-même parmi tant d'étrangers qu'elle avoit naturalisés. Le sénat se remplissoit de Barbares : le sang romain se mêloit : l'amour de la patrie, par lequel Rome s'étoit élevée au-dessus de tous les peuples du monde, n'étoit pas naturel à ces citoyens venus de dehors ; et les autres se gâtoient par le mélange. Les partialités se multiplioient avec cette prodigieuse multiplicité de citoyens nouveaux ; et les esprits turbulens y trouvoient de nouveaux moyens de brouiller et d'entreprendre.

Cependant le nombre des pauvres s'augmentoit sans fin par le luxe, par les débauches, et par la fainéantise qui s'introduisoit. Ceux qui se voyoient ruinés n'avoient de ressource que dans les séditions, et en tout cas se soucioient peu que tout pérît après eux. On sait que c'est ce qui fit la conjuration de Catilina. Les grands ambitieux, et les misérables qui n'ont rien à perdre, aiment toujours le changement. Ces deux genres de citoyens prévaloient dans Rome; et l'état mitoyen, qui seul tient tout en balance dans les états populaires, étant le plus foible, il falloit que la république tombât.

On peut joindre encore à ceci l'humeur et le génie particulier de ceux qui ont causé les grands mouvemens, je veux dire des Gracques, de Marius, de Sylla, de Pompée, de Jules César, d'Antoine et d'Auguste. J'en ai marqué quelque chose; mais je me suis attaché principalement à vous découvrir les causes universelles et la vraie racine du mal, c'est-à-dire cette jalousie entre les deux ordres, dont il vous étoit important de considérer toutes les suites.

CHAPITRE VIII.

Conclusion de tout le discours précédent, où l'on montre qu'il faut tout rapporter à une Providence.

Mais souvenez-vous, Monseigneur, que ce long enchaînement des causes particulières, qui font et défont les empires, dépend des ordres secrets de la divine

Providence. Dieu tient du plus haut des cieux les rênes de tous les royaumes ; il a tous les cœurs en sa main : tantôt il retient les passions, tantôt il leur lâche la bride, et par là il remue tout le genre humain. Veut-il faire des conquérans ? il fait marcher l'épouvante devant eux, et il inspire à eux et à leurs soldats une hardiesse invincible. Veut-il faire des législateurs ? il leur envoie son esprit de sagesse et de prévoyance ; il leur fait prévenir les maux qui menacent les états, et poser les fondemens de la tranquillité publique. Il connoît la sagesse humaine, toujours courte par quelque endroit ; il l'éclaire, il étend ses vues, et puis il l'abandonne à ses ignorances : il l'aveugle, il la précipite, il la confond par elle-même : elle s'enveloppe, elle s'embarrasse dans ses propres subtilités, et ses précautions lui sont un piége. Dieu exerce par ce moyen ses redoutables jugemens, selon les règles de sa justice toujours infaillible. C'est lui qui prépare les effets dans les causes les plus éloignées, et qui frappe ces grands coups dont le contre-coup porte si loin. Quand il veut lâcher le dernier, et renverser les empires, tout est foible et irrégulier dans les conseils. L'Egypte, autrefois si sage, marche enivrée, étourdie et chancelante, parce que le Seigneur a répandu l'esprit de vertige dans ses conseils; elle ne sait plus ce qu'elle fait, elle est perdue. Mais que les hommes ne s'y trompent pas : Dieu redresse quand il lui plaît le sens égaré; et celui qui insultoit à l'aveuglement des autres tombe lui-même dans des ténèbres plus épaisses, sans qu'il faille souvent autre chose, pour lui renverser le sens, que ses longues prospérités.

C'est ainsi que Dieu règne sur tous les peuples. Ne parlons plus de hasard ni de fortune, ou parlons-en seulement comme d'un nom dont nous couvrons notre ignorance. Ce qui est hasard à l'égard de nos conseils incertains est un dessein concerté dans un conseil plus haut, c'est-à-dire, dans ce conseil éternel qui renferme toutes les causes et tous les effets dans un même ordre. De cette sorte tout concourt à la même fin, et c'est faute d'entendre le tout, que nous trouvons du hasard ou de l'irrégularité dans les rencontres particulières.

Par là se vérifie ce que dit l'apôtre (1),

---

(1) *I. Tim.* vi. 15.

que « Dieu est heureux, et le seul puissant, » roi des rois, et seigneur des seigneurs. » Heureux, dont le repos est inaltérable, qui voit tout changer sans changer lui-même, et qui fait tous les changemens par un conseil immuable; qui donne et qui ôte la puissance; qui la transporte d'un homme à un autre, d'une maison à une autre, d'un peuple à un autre, pour montrer qu'ils ne l'ont tous que par emprunt, et qu'il est le seul en qui elle réside naturellement.

C'est pourquoi tous ceux qui gouvernent se sentent assujétis à une force majeure. Ils font plus ou moins qu'ils ne pensent, et leurs conseils n'ont jamais manqué d'avoir des effets imprévus. Ni ils ne sont maîtres des dispositions que les siècles passés ont mises dans les affaires, ni ils ne peuvent prévoir le cours que prendra l'avenir, loin qu'ils le puissent forcer. Celui-là seul tient tout en sa main, qui sait le nom de ce qui est et de ce qui n'est pas encore, qui préside à tous les temps, et prévient tous les conseils.

Alexandre ne croyoit pas travailler pour ses capitaines, ni ruiner sa maison par ses conquêtes. Quand Brutus inspiroit au peuple romain un amour immense de la liberté, il ne songeoit pas qu'il jetoit dans les esprits le principe de cette licence effrénée, par laquelle la tyrannie qu'il vouloit détruire devoit être un jour rétablie plus dure que sous les Tarquins. Quand les Césars flattoient les soldats, ils n'avoient pas dessein de donner des maîtres à leurs successeurs à l'empire. En un mot, il n'y a point de puissance humaine qui ne serve malgré elle à d'autres desseins que les siens. Dieu seul sait tout réduire à sa volonté. C'est pourquoi tout est surprenant, à ne regarder que les causes particulières, et néanmoins tout s'avance avec une suite réglée. Ce Discours vous le fait entendre; et pour ne plus parler des autres empires, vous voyez par combien de conseils imprévus, mais toutefois suivis en eux-mêmes, la fortune de Rome a été menée depuis Romulus jusqu'à Charlemagne.

Vous croirez peut-être, Monseigneur, qu'il auroit fallu vous dire quelque chose de vos Français et de Charlemagne, qui a fondé le nouvel empire. Mais, outre que son histoire fait partie de celle de France que vous écrivez vous-même, et que vous avez déjà si fort avancée, je me réserve à vous faire un second Discours, où j'aurai une raison nécessaire de vous parler de la France et de ce grand conquérant, qui étant égal en valeur à ceux que l'antiquité a le plus vantés, les surpasse en piété, en sagesse et en justice. Ce même Discours vous découvrira les causes des prodigieux succès de Mahomet et de ses successeurs. Cet empire, qui a commencé deux cents ans avant Charlemagne, pouvoit trouver sa place dans ce Discours : mais j'ai cru qu'il valoit mieux vous faire voir dans une même suite ses commencemens et sa décadence.

Ainsi je n'ai plus rien à vous dire sur la première partie de l'histoire universelle. Vous en découvrez tous les secrets, et il ne tiendra plus qu'à vous d'y remarquer toute la suite de la religion et celle des grands empires jusqu'à Charlemagne.

Pendant que vous les verrez tomber presque tous d'eux-mêmes, et que vous verrez la religion se soutenir par sa propre force, vous connoîtrez aisément quelle est la solide grandeur, et où un homme sensé doit mettre son espérance.

FIN.

TABLE

DES

DIVISIONS DE CE DISCOURS.

SUITE DE LA SECONDE PARTIE.

DE LA RELIGION.

CHAP. XXIV. Circonstances mémorables de la chute des Juifs : suite de leurs fausses interprétations. 1

CHAP. XXV. Réflexions particulières sur la conversion des Gentils. Profond conseil de Dieu, qui les vouloit convertir par la croix de Jésus-Christ. Raisonnement de saint Paul sur cette manière de les convertir. 10

CHAP. XXVI. Diverses formes de l'idolâtrie : les sens, l'intérêt, l'ignorance, un faux respect de l'antiquité, la politique, la philosophie, et les hérésies viennent à son secours : l'Eglise triomphe de tout. 23

Chap. XXVII. Réflexion générale sur la suite de la religion, et sur le rapport qu'il y a entre les livres de l'Ecriture. 57

Chap. XXVIII. Les difficultés qu'on forme contre l'Ecriture sont aisées à vaincre par les hommes de bon sens et de bonne foi. 80

Chap. XXIX. Moyen facile de remonter à la source de la religion, et d'en trouver la vérité dans son principe. 91

Chap. XXX. Les prédictions réduites à trois faits palpables : parabole du Fils de Dieu, qui en établit la liaison. 108

Chap. XXXI. Suite de l'Eglise catholique, et sa victoire manifeste sur toutes les sectes. 113

TROISIÈME PARTIE.

LES EMPIRES.

Chapitre premier. Les révolutions des empires sont réglées par la Providence, et servent à humilier les princes. 125

Chap. II. Les révolutions des empires ont

des causes particulières que les princes doivent étudier. 135

Chap. III. Les Scythes, les Ethiopiens, et les Egyptiens. 139

Chap. IV. Les Assyriens anciens et nouveaux, les Mèdes, et Cyrus. 178

Chap. V. Les Perses, les Grecs, et Alexandre. 189

Chap. VI. L'Empire romain; et, en passant, celui de Carthage et sa mauvaise constitution. 218

Chap. VII. La suite des changemens de Rome est expliquée. 267

Chap. VIII. Conclusion de tout le discours précédent, où l'on montre qu'il faut tout rapporter à une Providence. 290

CONDITIONS DE LA SOUSCRIPTION.

Comme pendant l'année qui vient de s'écouler, un volume in-12 paraîtra le 1er de chaque mois, et le 15 un volume in-18.

Chaque ouvrage sera revu, corrigé et enrichi de notices, de préfaces et de recherches bibliographiques.

On publiera aussi de temps en temps des prières, choix de maximes, gravures, ou petits traités propres à être distribués aux personnes de piété, aux enfans ou aux gens de la campagne.

Chaque souscripteur est libre, *en souscrivant*, de prendre les 24 vol. publiés dans l'année, ou 24 de son choix; mais ceux qui prennent les premiers vol. d'un ouvrage, s'engagent par là même à retirer les suivans jusqu'à la fin. Nous prions nos souscripteurs de peser cette observation importante.

Le prix de la souscription, *brochée* et expédiée franc de port et d'emballage dans chaque évêché ou chaque chef-lieu de département, et même dans un grand nombre d'arrondissemens où sont établis des dépositaires, est de 25 fr. par an, et de 13 fr. pour six mois, payables d'avance.

Liste des ouvrages qui seront publiés depuis le 1er octobre 1825, jusqu'au 1er avril 1826.

Deuxième année. — Premier semestre.

IN-12.	IN-18.
1 *oct.* Vie de St.-François-Xavier, apôtre des Indes; par le P. *Bouhours*.	15 *oct.* Traité de la Paix intérieure; par le P. *Lombez*.
1 *nov.* Vie de St.-François Xavier, apôtre des Indes; par le P. *Bouhours*; t. 2.	15 *nov.* Pensées sur la Religion; par *Bl. Pascal*.
1 *déc.* Instruction de la Jeunesse en la piété chrétienne; par *Gobinet*.	15 *déc.* Histoire universelle; par *Bossuet*.
1 *janv.* Histoire de l'Eglise gallicane; par *Longueval*; t. 4.	15 *janv.* Choix de Poésies, ou Recueil de morceaux propres à orner la mémoire et à former le cœur; ouvrage nouv. t. 1.
1 *fév.* Histoire de l'Église gallicane; par le P. *Longueval*; t. 5.	15 *fév.* Choix de Poésies, ou Recueil de morceaux propres à orner la mémoire et à former le cœur. t. 2.
1 *mars.* La Consolation du Chrétien dans les diverses circonstances de la vie; par l'abbé *Roissard*.	15 *mars.* Recueil des mor... édifiantes; ouvrage... veau.

www.ingramcontent.com/pod-product-compliance
Lightning Source LLC
Chambersburg PA
CBHW071505160426
43196CB00010B/1427